中国金融四十人论坛
CHINA FINANCE 40 FORUM

致力于夯实中国金融学术基础，探究金融领域前沿课题，引领金融理念突破与创新，推动中国金融改革与发展。

低碳转型

绿色经济、转型金融与中国未来

徐忠 曹媛媛 著

图书在版编目（CIP）数据

低碳转型 / 徐忠，曹媛媛著 . -- 北京：中信出版社，2022.9（2024.6 重印）
ISBN 978-7-5217-4560-3

Ⅰ.①低… Ⅱ.①徐… ②曹… Ⅲ.①中国经济-低碳经济-经济发展-研究 Ⅳ.① F124.5

中国版本图书馆 CIP 数据核字（2022）第 124583 号

低碳转型
著者：徐忠　曹媛媛
出版发行：中信出版集团股份有限公司
　　　　　（北京市朝阳区惠新东街甲 4 号富盛大厦 2 座　邮编　100029）
承印者：北京中科印刷有限公司

开本：787mm×1092mm　1/16　　印张：15.25　　字数：160 千字
版次：2022 年 9 月第 1 版　　　　印次：2024 年 6 月第 2 次印刷
书号：ISBN 978-7-5217-4560-3
定价：59.00 元

版权所有·侵权必究
如有印刷、装订问题，本公司负责调换。
服务热线：400-600-8099
投稿邮箱：author@citicpub.com

中国金融四十人论坛书系
CHINA FINANCE 40 FORUM BOOKS

"中国金融四十人论坛书系"专注于宏观经济和金融领域，着力金融政策研究，力图引领金融理念突破与创新，打造高端、权威、兼具学术品质与政策价值的智库书系品牌。

中国金融四十人论坛是一家非营利性金融专业智库平台，专注于经济金融领域的政策研究与交流。论坛正式成员由40位40岁上下的金融精锐组成。论坛致力于以前瞻视野和探索精神，夯实中国金融学术基础，研究金融领域前沿课题，推动中国金融业改革与发展。

自2009年以来，"中国金融四十人论坛书系"及旗下"新金融书系""浦山书系"已出版170余本专著。凭借深入、严谨、前沿的研究成果，该书系在金融业内积累了良好口碑，并形成了广泛的影响力。

目 录

代引言　金融业在应对气变和碳市场建设中的角色与潜能　周小川　005

第一章　中国必须坚定推进低碳转型

　　人类社会对气候问题的认识是一个渐进过程　004

　　中国对低碳转型的观念转变过程　008

　　中国低碳转型要解决好的突出问题　015

　　充分认识金融体系在低碳转型中的作用　019

　　可持续金融：碳金融、绿色金融与转型金融　027

第二章　低碳转型必须充分认识中国能源结构特点

　　世界能源结构的历史演变　035

　　中国能源结构及与美国比较　039

　　中国低碳转型如何应对能源结构约束　058

　　区域在低碳转型中发展不平衡问题的解决　063

第三章　发挥好碳金融市场的关键作用

碳市场对于低碳转型至关重要　071

国际上碳市场的建设经验　075

中国如何建设有效的碳市场　088

第四章　中国如何引领绿色金融的未来

中国绿色金融发展与改革试点　097

建立与国际接轨的绿色金融标准体系　113

完善可持续发展的绿色金融激励机制　126

培育适合绿色金融发展的生态体系　134

第五章　中国要成为转型金融的积极探索者

转型金融对中国实现"双碳"目标尤为重要　149

国际上转型金融的概念、界定标准及主要产品工具　151

转型金融的欧盟实践　161

中国转型金融的实践进展与下一步发展　167

第六章　积极参与低碳转型的国际博弈

全球气候治理演进就是一个博弈过程　173

国际上碳减排的博弈现状　179

国外碳边境调节机制的进展与我国的应对措施　184

全球碳市场连通及我国的应对　188

附　录
碳中和背后的经济学思考　199
气候变化融资部分缩略语与专用术语　209

参考文献　211

后　记　221

代引言

金融业在应对气变和碳市场建设中的角色与潜能[①]

周小川

关于气候转型中金融体系的作用，需要研究和探讨的问题有很多，借此机会跟大家分享一下我的几点想法，主要涉及碳市场建设以及金融界所能起的作用。

一、实现碳中和需要动员巨额投资

面对全球气变难题，金融界要勇敢地承担起自己的责任。在未来走向碳中和的几十年内，最艰巨的任务是这一过程之中需要组织、动员大量的投资。仅就中国而言，按照各研究机构的估算，较低的也需要约 140 万亿元人民币的投资，还有的估算需要几百万亿元人民币；就全球来说，估算的投资数字更是非常庞大。因此，能否成功动员并利用好这么大的投资，是金融界面临

---

① 本文源自周小川 2022 年 5 月 31 日在中国人民银行和国际清算银行（BIS）、欧央行、央行与监管机构绿色金融网络（NGFS）联合举办的第二届"绿天鹅"会议上的发言（中文译稿）。

的重大挑战。

其中，财政虽然能动员一部分资金，但只能解决一小部分问题。毕竟在这么庞大的投资中，财政资金的最终占比必然不会太高，大量资金还需要动员民间资本。离开了金融业，没有任何其他行业或机构能承担这么大的资金动员任务。如果要动员民间资金，就需要用市场的力量，也就必然要寻求恰当的激励机制。也就是说，要使投资者不仅出于实现碳中和目标的觉悟性选择，更主要的是因为创造了一种面向碳中和的市场激励机制，即面向减碳或零碳的投资具有可预期、可测算的合理回报率。

从目前来看，中国要吸引这么庞大的投资，金融业还有很多工作要做。包括在相对近期还需要就市场建设方面的内容进行讨论，取得共识。同时，其他各项任务也是非常重要的：就金融界来讲，要建立一些基本指标体系；要提高透明度，使投资、贷款等各类金融产品都能明确地披露对二氧化碳及其他温室气体的排放和气候变化的影响；金融界本身也应该带头减排、主动去实现零排放，尽管金融界自身实现零排放在整体碳中和大局中只是一个相对较小的组成部分。

总之，金融业的一些基础工作是重要的，但更重要的、面临更大挑战的是如何大规模动员和使用社会资金，尤其是建立合理的机制，使大量资金能够投入减排新技术和新产品的研发中，以及各行业各领域设备的更新换代中。有人认为，二氧化碳减排中包含的物理、化学及工程内容比较多，因而主要是工业部门的事情，金融部门在其中只能起到辅助作用。这似乎是不重视金融业的角色，但从前面提出的须动员庞大资金的角度来看，金融业的功能及其特长是至关重要的。

二、重视金融业在定价、风险管理及跨期、跨境投资中的作用

第一，碳中和所需的长期投资及价格形成需要金融市场的定价能力。大家知道，实体经济中的大宗商品价格形成其实早已是靠金融市场及其规律进行定价的。不是说因为碳市场具有金融属性，所以才需要金融业的参与，而是碳市场本身需要运用从金融业发展起来的定价功能。

第二，尽管早期的碳市场可能主要解决的是当期的定价以实现增产节约的问题，但其实实现碳中和所需的大额投资多数都是针对跨期的项目，少说得两三年，中期三五年甚至更长才能见到效果。不管是研发、设备更新还是兴建新工厂和设施，都是跨期投资；一些大的、高难度的研发项目，比如受控核聚变，期限跨度还需要更长。金融界历来注重应对跨期问题，应该说解决跨期问题是金融业的一个特长，涉及期限转换、收益与风险分摊、跨期会计核算等多方面。

第三，长期的投资必然会涉及大量的风险管理。一些新技术、新工艺的应用前景明显是具有风险的，而金融业本质上就是管理风险的行业，在这方面有理论、有实践、有人才，必然大有用场。

第四，很多投资还涉及跨境的项目和资源配置。跨境的资源配置与优化需要建立在不同货币、汇率、兑换、金融市场套保及有关核算的基础之上，因此也是金融业的本行，有很大的发挥作用的潜力。

三、注重构建统一的碳交易市场

在 2022 年博鳌亚洲论坛年会的有关讨论中，我看到有人提出，将碳市场设计分为碳排放权市场和碳补偿市场，还有人把碳移除（carbon remove）、碳抵消（carbon offset）、碳削减（carbon reduction）、国家核证自愿减排量（CCER，Chinese Certified Emission Reduction）等说成不同性质的产品，提出须建立不同的市场。事实上，碳市场应该是一个规模尽可能大的统一大市场，这个市场既包括惩罚性功能，也就是要排碳需要先通过碳市场购买排放配额（权）；同时也体现鼓励性功能，即借助市场配额价格的激励机制把利益转送给碳减排、碳吸收、碳汇或者是碳捕获、利用与封存（CCUS）的行动者，其中也涉及各种排放现有设备、工艺路线的技术改造等行动。

从总量上来看，需要购买碳排放配额的资金总量应该等于所有用于激励碳减排、碳吸收的资金总量。此外，如果征收碳税，那么源自碳排放的所有碳税收入都应该用于支持碳减排、碳沉降、碳补偿，中间不应该被挪用。从市场供求来讲，构建统一的市场能防止资金被误用，也就是说，不能把从排放配额中收到的费用挪作他用，从而导致碳补偿的资金还需要从别的地方去筹集。这显然并不是最优的资源配置安排。同时，统一的市场所形成的碳配额约束条件也能确保在未来几十年中由碳中和路线图、时间表所规定的各年度碳减排总量顺利实现。

当然，这当中还存在跨期的问题。当期的资金平衡大家比较容易理解，但如果跨期的话，就需要考虑到一些对碳减排、碳沉降及 CCUS 等的投资是在未来某个投产年份才能产生碳吸收等回报，因而需要用到碳远期、碳期货的价格，或需要通过净现值法将未来回报转换到当期收益来形成对投资的激励。

因此，把碳市场再细分为不同产品的市场，虽然从概念上说未尝不可，但从实际操作和未来功能发挥来看，不利于最优价格的发现和资源配置的优化，还需要从数学模型及其表达上加深对市场的功能和作用的理解。实际上，碳市场应是一个统一的市场，其所产生的价格也应是一致的价格，并且以资源配置最优化为目标。

四、碳配额设置的几种主要方法及差别

总的来说，碳市场的数学表达也是个宏观经济模型，它是在生产要素资源的约束下，即在当前存量设备、生产能力、劳动力、总储蓄、技术与智能等约束下，来争取创造最大的GDP（国内生产总值，或者经改进表达的GDP）。从方法论上看，由于在宏观经济模型中添加了分年度的碳排放目标，所以需要在这种宏观模型中新加入一个约束条件：所有的碳排放减去碳吸收的量要小于等于碳中和路线图、时间表所规定的年度碳排放总量，也就是碳配额总量。当然，还可以把其他主要温室气体增列为若干约束条件，这样也就存在若干个配额。在约束条件增加以后，需要使用更多资源才能实现原定的GDP，即可能会在一定程度上把GDP往下拉。在此基础上，如果找到了最优资源配置，也就对应出了碳排放配额的影子价格，即在GDP损失最小的情况下实现了年度碳排放的约束值。具体在设计配额的时候，有增量配额法，有全量配额法，也有混合法（也许还有其他方法）。

在增量配额法中，基年的碳排放予以认可，或者说给了免费配额；新增的碳排放必须在配额市场中购买配额；同理，新增的减排（广义的CCER）获得负值配额，可在市场上出售；年度约束条件为正值配额加上负值配额小于等于年度碳排放增量控制目标（亦可为负值）。在全量配额法中，当年的全部碳排放（存量与增量）均须购买碳配额；当年全部碳吸收经核定均获得负值配额，可出售；年度约束条件为正负配额之和小于等于年度全量碳排放控制目标。约束条件对应的（也是市场供求所平衡出的）是碳配额价格。

考虑到一些行业和企业仍处于转轨阶段，全量配额法压力过大，那么还有一种过渡办法，就是存量和增量配额混合的办法。起始年碳市场约束的形成是靠增量配额。从起始年以后，每年从全部存量中拿出一定比例要求排放机构付费购买配额。如果按照每年多拿出基年排放量的10%付费，那么经过10年以后，也就过渡到全部碳排放都必须购买碳配额的全量配额法。此方法也适用于另一种过渡形式，即一部分行业先进入配额系统，另一部分则较晚纳入。

上述三种方法在具体的实际操作中都是可行的。最佳的办法和符合实际的办法应使各方都能够接受，可能还需要做一些妥协，但总之，应使所有的减排微观单位都能清楚地看到这一影子价格并据此行动，这种数学关系应该尽可能清晰。

此外，值得一提的是，碳价格（理论上的影子价格）与配额价格（管理用的价格）不必然一致，上述三种碳市场配额交易形成的碳配额价格有可能是不一样的。这在一定程度上可以解释一个问题：目前国际国内各方关于碳市场的讨论有时候说的不是同一种配额,相互之间概念不同,也导致各自形成的价格高低不同。

当然,碳价格存在的差异中可能还包括历史因素和国别因素,一些发展水平较低的发展中国家目前还有很多特别粗放的碳排放,相对而言比较容易通过更新换代而被淘汰,其边际减排成本相对较低。但我们也要看到,在全球控制碳排放再向前走若干年以后,这种成本极低、容易被替换的环节实际上会被更新完,那时各国碳配额价格将有一个全球趋同的趋势。

五、关于"漂绿""蹭转型"

目前"漂绿"(Green Washing)概念不统一,覆盖面太大,而且各国对"绿色"的定义也不一样。当前可缩小到蹭碳(减排)[CO_2(reduction)Washing]/蹭温室气体(减排)[GHG(reduction)Washing]。

有没有独立的验证办法判断金融产品是否被蹭碳减排,取决于其支持的相关实体经济活动是否及多大程度上削减 CO_2,这在中国就是CCER。可通过产生多少CCER来标识金融工具的成色。对产生CCER的实体活动应给予财务支持、激励,主要有CCER配额交易、补贴、减税等。对相关金融活动再给予优惠应主要是象征性的,防止出现扭曲。

金融上,贷款或债券如冠以减碳,可使用较低档的风险权重,是因为未来相关实体活动被中止或削减的概率低,也将获得监管认可。有意"漂/蹭"(washing)是自己骗自己。

如不存在扭曲的滥用补贴,各金融机构自报的含有"漂/蹭"

的业务量是否夸大也并无大碍。像自报普惠金融统计数据也有同样的问题。

"蹭转型"（Transition Washing）需要有更清晰的定义。实际上，CCER是与转型过程（Transition Process）有联系的，是按照减碳总量的路线图、时间表在各个年度计算并核定出的具体的减碳凭证，有助于定量判别转型的实质。

可以将CCER扩展一下，将Chinese Certified Emission Reduction 扩展成Comprehensive Certified Emission Reduction，涵盖三个部分：一是碳汇类，含碳移除、CCUS等；二是尚未纳入配额交易的公司内部在提供同等产出下节约的碳；三是由第三方公司提供的中间品（含新材料、新设备），其能使社会经济层面呈现间接减碳。

六、金融业应发挥特长做好各项工作

实现碳中和目标需要大规模的未来投资。如何动员和激励投资去实现这一目标，金融界既有不可或缺的特长，也有很多工作需要深化和落实。

第一，如果要处理贷款和投资，就必须把未来的减排回报折换为净现值。

第二，必须考虑通货膨胀因素。在构建整个碳配额约束及价格形成时都要考虑进行通货膨胀调整，而且通胀率有不确定性。既然气候变化及碳中和需要多年的行动，累计通胀的影响会比较显著。

第三，必须考虑投资回报的不确定性和风险性。因为这些投资中涉及大量科研新技术，可能有的成功、有的不成功，有的设备和技术更替后达不到或者超过事先设想的回报。这些都需要风险管理的机制和技能。

第四，由于未来可用技术的不确定性，整个减排系统的多个参数在未来都需要强调动态调整。可以先从二氧化碳做起，其后再把在二氧化碳减排领域获得的相关技能应用到其他温室气体。

习近平主席2020年已向全球宣布了中国减碳的"30·60"目标，中国的金融界也正在为之努力，争取在应对气候变化和实现这一目标方面做出应有的贡献。同时，在这个过程中还努力追求一种优化，争取以最小的、最合理的成本取得预期的效果，不让国家和社会承受过大的代价。

第一章

中国必须坚定推进低碳转型

中国社会对于低碳转型问题在过去十多年经历了观念上的重大转变。有人可能还没有完全理解，为何现在低碳转型上升到国家战略的高度，甚至由最高决策者亲自指挥、亲自推动。2020年底，习近平主席在两次重大的国际会议上向世界公开做出"30·60"承诺，说明中国在低碳转型问题上已经下定决心。[①]习近平主席近年来在多个场合指出，"当今世界正在经历百年未有之大变局"，"中国如果不走创新驱动发展道路，新旧动能不能顺利转换，就不能真正强大起来"。[②]对于低碳转型问题，我们不能孤立地看，要放到新时代背景下中国与世界的发展格局中去认识。未来，中国的低碳转型需要经济社会的方方面面进行系统的支持，金融体系的作用至关重要。

---

① 资料来源于新华网。
② 资料来源于新华社。

人类社会对气候问题的认识是一个渐进过程

人类社会对于气候问题的认识不是一蹴而就的。这个问题的复杂性在于，它不仅是一个纯粹的学术或理论问题，还关系到各个国家、各个经济主体的切身利益，在这个问题上达成共识的困难程度要超过其他问题。从人类社会发展的历史来看，对气候变化问题的认识大体经历了以下三个阶段。

第一个阶段是工业革命之前，人类活动排放的温室气体比较少，气候变化问题几乎是不存在的。温室气体是大气中任何吸收和释放红外线辐射的气体，包括二氧化碳（CO_2）、甲烷（CH_4）、氧化亚氮（N_2O）、氢氟碳化合物（HFCs）、全氟碳化合物（PFCs）、六氟化硫（SF_6）等，从对全球温室效应的贡献来看，CO_2占比最大。温室气体的排放来源主要有两类，一类是自然界排放的，另一类是人类活动排放的。在工业革命之前，自然界排放的温室气体占主导地位，人类活动排放的温室气体比较少，大气中的温室气体浓度维持在较低水平。但在这个阶段，大气中的温室气体浓度也不是恒定的，在自然规律的驱动下，CO_2浓度会在180~280ppm（百万分比浓度）进行周期性波动。而全球的气温与温室气体的浓度密切相关，随着大气中CO_2浓度的周期性波动，全球气温也会发生周期性变化，大体在10摄氏度的区间内波动。由于每一轮变化的时间跨度很长，个人往往很难察觉。总而言之，这一阶段大气中的CO_2浓度与全球气温尽管有波动，但不是一直在升高，而是周而复始地上下平缓波动，因此气候变化问题是不存在的。

第二个阶段是工业革命后至20世纪七八十年代，人类活动排放的温室气体逐渐占据较大部分，全球气温开始缓慢抬升，一些有志之士开始提出气候变化问题，但凝聚共识经历了漫长的过程。工业革命后，工业化生产对化石燃料的需求迅速增长，全球温室气体排放改变了过去长期由自然界排放为主导的局面，人类活动排放的温室气体浓度快速增长。当人类活动排放的温室气体超出了陆地生物与海洋吸收能力时，大气中的 CO_2 浓度开始迅速增加。一些科学家基于科学论证与数据追踪，逐步提出了气候变化理论，核心是人类活动持续排放的温室气体会造成全球变暖并引发严重的自然灾害，呼吁全球关注气候变化问题。比如，瑞典科学家、诺贝尔化学奖获得者阿尔尼乌斯（Savante Arrhenius）在 1896 年指出，工业化过程将导致大气中的 CO_2 浓度增加，加剧温室效应。虽然随着时间的推移，全球关注气候变化问题的人越来越多，但由于对气候变化理论仍有怀疑的声音（有人认为，气温升高可能如历史上多次发生的那样，若干年后会自然回落），以及气温上升速度并不快，对环境的影响还不严重，因此全球未达成应对气候变化问题的共识。

事实上，由于环境治理涉及各国切身利益，观念的转变非常难，发达国家普遍经历了"先污染、后治理"的模式。20 世纪六七十年代，罗马俱乐部基于对发达国家发展方式的担忧和质疑，深入探讨了关乎人类发展前途命运的人口、资源、粮食和生态环境等一系列根本性问题。到七八十年代，大气中的 CO_2 浓度已经由 1850 年的 277ppm 提高到了 300~350ppm 的水平。在此背景下，全球气温上行速度开始加快，世界各大洲发生了持续的水旱以及严寒灾害，对世界经济社会发展产生了较大的负面影响。1972 年，罗马俱乐部发表的著名研究报告《增长的极限》中提出，地球已经不堪重负，人类正在面临增长极限的挑战，各种资源短缺和环境污染等问题正威胁着人类的继续生存。"先污染、后治理"的发展模式阻碍了经济社会的可持续发展。发达国家最终意识到，经济社会发展要走可持续发展道路，并形成了广泛的民意基础。

第三个阶段是20世纪七八十年代以来，气候变化上升为全球重要议题，低碳转型逐渐成为全球共识。1979年，第一届世界气候大会在瑞士日内瓦召开，科学家发出警告称，如果大气中的CO_2浓度持续提升，到21世纪中期全球气温将会显著上升，气候变化首次作为国际议题被提上全球议程。20世纪七八十年代以后，全球气候形势越来越严峻。如图1-1所示，1880年以来，全球温度平均每10年上升0.08摄氏度；而20世纪80年代以来，平均每10年上升0.18摄氏度，升高了1倍多。如图1-2所示，20世纪大部分时间海平面逐年仅上升1.4毫米，1971—2006年逐年上升提高到1.9毫米，而2006—2018年逐年上升则达到了3.7毫米。2015年，190多个国家谈判代表共同通过了《巴黎协定》，标志着人类活动排放的温室气体导致了工业革命以来的全球气温上升，以及全球气温上升将诱发灾害性气候变化的两个科学论断成为共识，各国对碳达峰、碳中和的明确承诺也表明低碳发展进入了一个新的阶段。

展望未来，种种迹象表明，气候变化问题将是21世纪人类社会可持续发展必须携手面对的重大挑战之一，关系到人类社会的生存发展，低碳转型必将成为世界发展潮流。气候变暖导致的冰川融化、海平面上升、极端天气等问题，将对全球经济发展和人类社会生活造成很大影响。联合国环境规划署发表的一项报告认为，如果各国在未来50年不拿出减少温室气体排放的有效措施，那么每年将产生高达 3 000 亿美元的经济损失；如果 2030 年前不能将大气中温室气体的浓度控制在一定范围，全球 GDP（国内生产总值）可能损失 5%~10%。根据世界银行的测算，气候变化在未来 10 年会将 1.32 亿人推向贫困，使来之不易的发展成果化为乌有。在中低收入国家，仅考虑自然灾害对发电和运输基础设施的破坏，每年就会造成约 180 亿美元的损失；到 2050 年，气候变化将导致 2.16 亿人口迁徙，其中，撒哈拉以南非洲达 8 600 万，东亚和太平洋地区 4 900 万，南亚 4 000 万，北非 1 900 万，拉丁美洲 1 700 万，东欧和中亚 500 万。小岛屿国家和沿海低洼地带甚至可能面临被淹没的威胁。基里巴斯的两个岛已经因为海平面上升而消失，马绍尔群岛所有 29 个环形珊瑚礁岛屿的海岸带也遭受侵蚀。此外，现在对于新冠病毒出现的若干解释中，有学者认为可能是北极冰川融化后释放出的病毒，而这些病毒原属于几十万年前或上百万年前。此种解释目前还只是一种假设，但也说明全球气候变暖对人类社会造成的影响很可能超出想象。

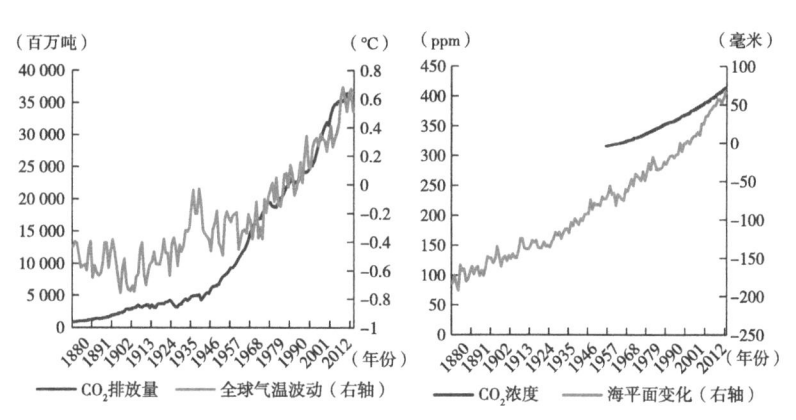

图 1-1　二氧化碳排放及全球气温变化　　图 1-2　二氧化碳浓度及海平面变化

数据来源：美国国家海洋与大气管理局（www.noaa.gov）。

中国对低碳转型的观念转变过程

中国作为世界上最大的发展中国家,刚刚解决了几亿人口的贫困问题,还要团结并带领 14 亿多人迈向共同富裕的新阶段。相比发达国家,中国还处在碳排放的爬坡期,产业结构调整与低碳技术储备面临较大挑战,因此低碳转型面临的困难与发达国家是不可同日而语的。我们在极其困难的情况下,主动推动全社会低碳发展观念的重大转变,背后有着一系列的整体考虑。从内部来看,是长期可持续发展、中期结构转型、短期推动增长的必然选择;从外部来看,是兼顾了国际发展潮流与平衡外部压力的优化决策。实际上,中国推动低碳转型不是一道选择题,而是一道必答题,对于解决我国经济社会若干难题有着极其重要的现实意义。

"阴谋论"曾经占据一定的主导地位

早期,中国社会对低碳发展问题的主流看法是不一样的。比如,2009 年中国出席哥本哈根联合国气候变化大会时,当时大部分人认为,低碳发展会影响中国经济的快速增长,"阴谋论"的观点在当时还占据一定的主导地位。"阴谋论"认为,发达国家蓄意将中国这样一个重要的发展中国家纳入限制排放的机制中,通过增加发展成本、削弱竞争力,从而遏制中国经济的发展与中华民族的崛起。因为美国、欧盟等发达国家普遍已经完成工业化,实现了碳排放达峰,这些国家在经济发展和财富积累过程中,对化石能源消耗几乎没有任何限制。如果中国和发达国家一起大幅减排二氧化碳，必然抑制中国经济发展的空间。

实际上，当时持有"阴谋论"观点的国家也不在少数，主要是因为发达国家承诺给予发展中国家的资金和技术支持一直没兑现。发展中国家要想以较低成本实现低碳转型，必须有外部的资金与技术支持，由发达国家提供相应的支持是早已达成的共识，在全球开始合作之初就有"共同而有区别的责任"这一重要原则。2009 年，发达国家在哥本哈根大会上承诺，到 2020 年为发展中国家每年提供 1 000 亿美元的资金支持，帮助发展中国家应对气候变化。但根据《联合国气候变化框架公约》于 2018 年发布的全球气候资金报告，气候资金总额虽然从 2013—2016 年一直在增加，但 2016 年也仅达到 380 亿美元，距离 1 000 亿美元的目标仍有较大差距，即使计入私营部门资金，也仍然达不到 1 000 亿美元，发达国家资金支持承诺的落实情况并不理想。

在"阴谋论"观点主导的背景下，中国等大多数发展中国家对待减排的基本主张主要包括几个方面。首先，发展中国家不能承诺绝对量的硬指标，要依据各国的历史累计排放和人均累计排放来分摊；其次，在可持续发展的框架下，应统筹考虑经济发展、消除贫困、保护气候，确保发展中国家发展权的实现；最后，资金和技术是实现减缓和适应气候变化必不可少的手段，发达国家切实兑现向发展中国家承诺的资金、技术、能力建设支持，是发展中国家得以有效减缓和适应气候变化的根本保证。

环境问题使全社会意识到长期可持续发展的重要性

中国的经济社会发展也经历了"发展—污染—治理"的过

程。早期，不少人认为低碳发展是发达国家阻碍中国经济发展的阴谋，但是，后来人们的认识发生了改变。持续的雾霾与沙尘暴、越来越多的洪涝灾害等，不仅影响经济增长，也威胁着人们的生命安全。人们深刻认识到，一味追求 GDP 而忽视经济、社会和生态的和谐发展，终将导致经济发展不平衡和不可持续。我国有 82% 的人饮用浅井和江河水，其中水质污染超标水源占到 75%。土壤污染事件近年来频繁出现，仅 2018 年就发生了湖南常德巨型酸水坑、内蒙古乌海强酸高毒性液体外流等事件。清华大学李宏彬教授等专家在《美国国家科学院院刊》上发表的研究报告《空气污染对预期寿命的长期影响：基于中国淮河取暖分界线的证据》中指出，长期暴露于污染空气中，总悬浮颗粒物每上升 100 微克 / 立方米，人类平均预期寿命将缩短 3 年。按照中国北方地区总悬浮颗粒物的水平，北方 5 亿居民因严重的空气污染平均每人将减少 5 年寿命。这项研究表明，严重的空气污染会带来巨大的健康成本。当切身感受到环境问题带来巨大的经济社会成本后，人们对可持续发展的需求开始迫切，低碳转型逐渐具有了良好的社会微观基础。

低碳转型能解决当前的增长动能与结构升级问题

当前，中国正处在新旧增长动能转换阶段，叠加新冠肺炎疫情造成的经济下行压力，增长动力不足成为亟须解决的问题，低碳发展迎来重要的机遇期。2008 年以来，中国经济较依赖房地产和基建投资来拉动有效需求，这一模式延续了十几年，目前形势发生了变化。2020 年，中国常住人口城镇化率超过 60%，离发达国家水平已经不太远。除了少数热点城市，一、二线城市人口净流入但增速放缓，三、四线城市人口净流出。从底层逻辑来看，中国房地产发展的空间已经有限，依靠房地产和基建投资拉动有效需求的发展模式已经不可持续。同时，最近两年多疫情时期，国内需求面临很大冲击，消费服务行业受到的影响非常大，至今没有完全恢复。在国外疫情比较严重的情况下，国外生产跟不上，出口可以对中国经济形成支撑。但是，依赖出口的模式很难持续，中国还是要依靠国内大循环。因此，面对当前多重压力，培育新动能、找到新发展方向非常关键。按照"创新、协调、绿色、开放、共享"的新发展理念，绿色低碳发展不仅是衡量高质量发展成效的重要标尺，也是促进高质量发展的有效手段；既有利于倒逼产业结构不断优化升级，促进经济社会全面绿色转型，又可以激发城乡生态建设、科技创新投资、设备更新换代等一系列内需，最终实现经济转型与释放增长活力的双重政策目标。

发展低碳经济可以缓解我国面临的外部压力

当前，我国的碳排放量居全球第一位，面临的全球压力越来越大。随着中国经济规模达到全球第二位，中国碳排放量也快速增长。2020年，我国二氧化碳排放量达到103亿吨，占全球碳排放总量的27%；第二名美国的碳排放量为50多亿吨。虽然中国历史累计的碳排放量并不高，但在全球低碳转型的背景下，少数西方国家在国际舆论上煽风点火，导致我们承受的外部压力越来越大。现在来看，压力不仅存在于舆论层面，而且欧美一些国家开始酝酿针对中国等生产成本低、温室气体排放高的经济体征收所谓的"碳关税"。面对外部压力，我们不能在全球减排中成为被动者，应采取积极主动的策略，树立起负责任的大国形象，在全球气候治理领域掌握更多的话语权，最大限度地争取国际有利环境。

与此同时，低碳经济成为全球不可逆转的趋势，如果不积极参与其中，对国家的长期竞争力也是一种损害。低碳经济发展模式以减少温室气体排放为重点，其基础是建立低碳能源系统和低碳产业结构，发展特征是低排放、高能效、高效率，这个过程不是一朝一夕就能实现的。低碳经济已经成为许多国家未来数十年的经济发展战略。美国、欧盟、日本、韩国等经济体纷纷制定战略，出台具体政策措施，在维持经济增长的同时减少二氧化碳排放，力求在低碳发展领域抢占先机，一些发展中国家也采取跟随策略。比如，欧盟把低碳经济作为未来发展方向，不断探索更加有效的减排机制，同时推动产业变革与新技术研发；美国近年通过一系列可持续发展的法案，加快可再生能源的开发利用，推动新能源汽车使用，限制石油钻探发展。如果世界主要经济体在政策环境、低碳技术、产业结构方面不断向低碳转型，那么我国企业参与国际竞争可能会陷入被动。

中国制造业的发展已为低碳转型奠定了良好基础

低碳转型的难度还取决于制造业的水平，而我国在这方面有比较大的优势。在光伏发电领域，中国在过去一二十年间实现后来居上，各环节的技术全球领先，产业链比较完整，并出现了一些具有国际知名度的企业。从全球来看，全球前十名多硅晶制造商中有七家来自中国，前十名光伏电池片企业大部分来自中国，而华为更是占据海外市场17%份额的全球最大逆变器企业。2019年，我国光伏行业出口200多亿美元，在全球光伏出口中占比接近30%。在直流输电技术领域，中国特高压输电技术高居世界第一，很多国家都派出工程技术人员前来交流甚至直接购买技术。截至2020年底，中国在运、在建特高压线路总长度4.8万公里，成为能源运输的主动脉。在电动车领域，纯电动汽车专用平台、燃料电池汽车等整车技术，动力电池、第三代半导体等关键核心技术，中国均领先于世界，出现了宁德时代、比亚迪、蔚来、小鹏等自主品牌。2021年，中国新能源汽车企业获得相关专利超3万件，占全球总量的70%。2022年以来，为了应对部分地区新冠肺炎疫情造成的经济下行压力，中国实施了很大力度的宏观政策，加大新基建投入力度，其中部分资源投向了新能源等低碳发展领域，可以预见，相关领域的基础设施和技术水平会迎来再一次提升。

中国社会对低碳转型观念的彻底扭转

习总书记结合经济社会发展的基本规律、中国实际情况与国际发展潮流，在国内最早提出了绿色发展理念，从"绿水青山"到"30·60"目标，指导全社会对低碳转型观念的彻底扭转。2005年，时任浙江省委书记习近平在浙江省湖州市首次提出"绿水青山就是金山银山"的科学论断[1]，当时国内环境污染

---

[1] 资料来源于人民网。

问题还不严重。习总书记当时提出这样的论断,与他在陕北、福建、浙江的亲身经历和长时间的深入思考密不可分,这一论断结合了中国经济社会发展实际情况和未来全球发展趋势,也源于"天人合一"的中国传统价值观念和"人类命运共同体"的世界观。党的十八大以来,党中央把生态文明建设和环境治理摆在了更为重要的战略高度,提出以绿色发展理念引领中国发展。党中央、国务院明确提出转变发展方式,既要金山银山,也要绿水青山,树立"环境就是生产力,良好的生态环境就是GDP"的理念。绿色GDP的概念随之提出,即从GDP中扣除自然资源耗减价值与环境污染损失价值后的剩余部分,体现了经济增长与自然环境和谐统一的程度。实施绿色GDP核算就是要统筹"人与自然和谐发展",真实衡量和评价经济增长活动的现实效果,克服片面追求经济增长速度的倾向,促进经济增长方式的转变,从根本上改变唯GDP论的政绩观,增强公众的环境资源保护意识。

2020年底,习主席在两次重大国际会议上公开承诺了"30·60"目标,标志着中国社会低碳转型观念的彻底扭转。2020年9月,习主席在第七十五届联合国大会一般性辩论上宣布,中国将提高国家自主贡献力度,采取更加有力的政策和措施,力争2030年前二氧化碳排放达到峰值,努力争取2060年前实现碳中和。这是中国首次公开提出"双碳目标",引起了国际社会的极大关注。2020年12月,习主席在全球气候雄心峰会上进一步宣布"到2030年,中国单位国内生产总值二氧化碳排放将比2005年下降65%以上,非化石能源占一次能源消费比重将达到25%左右,森林蓄积量将比2005年增加60亿立方米,风电、太阳能发电总装机容量将达到12亿千瓦以上"[①]。一年中两次在国际重要会议上承诺"30·60"目标，表明低碳发展已经上升为重要的国家战略，也标志着全社会低碳发展观念成为共识。

中国低碳转型要解决好的突出问题

继续完善"1+N"的顶层设计

2021年10月24日，中共中央、国务院发布《关于完整准确全面贯彻新发展理念做好碳达峰碳中和工作的意见》（以下简称《意见》）。《意见》是对10月12日习主席在《生物多样性公约》第十五次缔约方大会领导人峰会上关于我国构建双碳工作"1+N"政策体系论述的回应，是"1+N"中的"1"，论述了总体要求、主要目标、行动方向，明确了路线图和施工图。《意见》发布后，国务院在10月26日印发《2030年前碳达峰行动方案》（以下简称《行动方案》），对十大领域提出指导意见。中国双碳工作已处于快速推进阶段，各领域、各行业、各地区迅速行动，将以《意见》和《行动方案》为依据，出台更多针对性的实施方案，继续完善顶层设计。

加强部门、区域、行业之间的统筹协调

《意见》作为双碳政策体系的纲领性文件，描绘了一幅体现

---

① 资料来源于新华社。

党中央战略思维的总线路图。双碳目标是通过自上而下、层层分解来实现的，涉及各区域、各行业、中央和地方各部门，也涉及每个家庭、每个人，统筹协调工作是重大挑战。全国上下必须一盘棋，但我国不同区域发展不均衡，不同省份的条件存在差异，不同行业的利益各不相同，跨部门的组织协调任务十分繁重，因此，政府、企业、行业协会、社区之间的协同性需要加强。从区域上看，中西部有很多资源大省，华北地区钢铁类高碳企业集中，而海南等个别地区以第三产业为主，高碳企业较少，这对建立地区碳排放标准和考评机制提出了挑战。从产业上看，钢铁、水泥等高能耗行业将承受较大压力，新项目审批被严格遏制，已开工项目的投资回收前景不佳，相应就业岗位可能大幅减少，只有产业政策不断细化，这些高能耗行业才能取得新旧动能转换过程中的平衡。与此同时，如何有效利用中央财政，如何协调财税金融政策，如何充分发挥市场机制、价格信号的作用，确保政策精准直达受支持的市场主体，如何处理好低碳转型中的各种社会问题，都需要各方加强沟通协调，发挥好体制优势，全国上下形成合力，共同落实好党中央、国务院的重大战略部署，兑现习主席实现双碳目标的庄严承诺。

统筹好时间序列上的前后安排

目前，主要发达国家、以服务业为主的中小经济体已基本实现了碳达峰。我国工业化起步较晚，改革开放后工业化进程有所加速，至今仅40余年。目前经济结构仍以重工业为主，能源依赖度高，一次能源消费结构中煤炭占比约六成，电力结构中煤电占到七成以上，因此未来调整牵涉甚广，不可低估风险。作为全球第二大经济体，在实现"30·60"目标的同时，还要保持一定的增长速度，要到2035年完成基本实现社会主义现代化的远景目标，必须统筹好发展和降碳的关系，不可急功近利。2021年下半年以来，世界各地出现了能源紧张的情况，我国局部地区也出现煤荒、电荒，就是因为新旧能源转换过程中出现衔接空档，未能充分估计新能源的不稳定性，或者脱离能源供需实际，在清洁能源供给尚未能补足缺口时"未立先破"。按照《意见》要求，防范风险、安全降碳将成为未来双碳工作的原则之一。要实现低碳约束条件下新旧能源的平稳转换，应当秉持理性务实的态度，加快突破新能源技术和成本比较优势，逐步提高新能源渗透比例，确保不影响正常的供需秩序，维护经济和社会平稳发展。

充分发挥市场机制在资源配置中的决定性作用

《意见》提出要"双轮驱动"，政府和市场两手发力，既要通过行政力量构建新型举国体制，又要发挥市场机制在深化能源和相关领域改革中的作用，形成有效的激励约束机制。行政手段的优点是短期内见效快，但从长期看存在指标分配不合理、激励不足、搭便车、成本高和平衡性差等问题。《意见》强调，市场机制要在电力市场化改革、绿色低碳投资、绿色金融和碳排放权交易市场等方面发挥积极作用。其中，碳市场是实现碳达峰、碳中和目标的核心政策工具之一。我国碳市场起步较晚，2021年7月全国性碳市场正式启动。要利用我国碳市场建设的后发优势，充分借鉴国际经验，健全机制安排，通过交易形成有效碳价并向企业传导，促使其淘汰落后产能或加大研发投资。此外，要完善绿色低碳领域投资机制，激发社会资本参与活力，通过商业银行、政策性银行、股市、债市、低碳基金等为绿色项目提供低成本资金。为实现以上目标，必须集合多部门力量，在夯实数据基础、打通价格传导机制、制定统一标准、完善交易平台建设等方面做好功夫，更好地发挥市场机制作用。

鼓励全社会践行绿色生活生产方式

权威机构曾发布报告称，当前家庭消费形成的温室气体排放量占全球的2/3。碳达峰、碳中和是长期目标，要推广绿色低碳的生活方式，提高全民低碳意识，把绿色理念转化为全体人民的自觉行动，遏制奢侈浪费和不合理消费。要完善阶梯水价、阶梯电价、峰谷电价、污水处理收费、固体废物处理收费等价格机制，通过价格手段发挥激励和约束作用。要建立企业、公众、家庭广泛加入应对气候变化的行动机制，构建公众以及民间环保组织加入低碳治理的制度以及平台，发挥媒体监督作用，在全社会形成低碳发展的氛围。要强化碳足迹的推广应用，不断完善环境信息披露要求，约束各类微观主体的碳排放行为。碳足迹指与一个主体（金融机构、企业或个人）或产品服务相关的碳排放，包括直接和间接的碳排放，测算碳足迹是微观主体采取应对气候变化自觉行动的第一步。

充分认识金融体系在低碳转型中的作用

国内，人民银行和金融监管部门在多个场合就这个问题谈了很多看法。国际上，美联储、英格兰银行等国外央行与金融监管部门也在低碳转型领域做了大量研究，储备了相关的政策。中央银行与金融监管部门之所以如此关注"30·60"目标，是因为这个问题与金融体系有着重大的关联性。

低碳转型与金融体系

低碳转型与金融体系有着重大的关联性，构建一个健康并积极参与低碳转型的金融体系至关重要。第一，低碳转型需要金融体系管理好风险。低碳转型过程中，大量高碳资产加速折旧，在正常使用寿命前不再产生经济效益，成为"搁浅资产"，会造成金融机构风险敞口。在很短的时间内完成这一转型，必然要求协调好金融系统的吸收损失能力与转型速度。第二，低碳转型需要引导好预期。低碳转型除了对资产价格产生影响，还会改变全社会的预期。一方面，社会各行各业要有稳定的风险预期，在此基础上才能形成更加有效的各类信用定价和产品定价；另一方面，低碳转型需要大量的公共与私人投资，要引导好全社会的金融资源配置。第三，低碳转型对宏观政策有潜在的重要影响。低碳转型必然影响一些重要的宏观经济变量，可能导致特定商品的价格指数上升，影响通胀水平和潜在增长率等。因此，宏观调控部门要尽早关注这些影响，并纳入未来的货币政策框架中。从国际实践来看，很多国家的中央银行已就这一问题进行了研究。第四,低碳转型需要全社会转变投资理念。低碳转型需要改变投资风格,可持续投资应成为被市场认可的理念,环境、社会与治理(ESG)投资的基金将逐渐增多。在此转型过程中,国内低碳转型需要在政策支持工具、金融监管政策等方面加大引导力度。

由于低碳转型涉及风险管理、预期引导、宏观政策、投资观念等金融体系的方方面面,因此,中央银行与金融监管部门高度关注"30·60"目标。这既是对低碳转型提供基础支持的需要,也是金融体系自身高质量发展与风险防范的需要。

管理好风险是金融体系面临的新课题

气候变化与低碳转型带来两类新的风险:物理风险与转型风险。物理风险是指气候变化引发干旱、洪涝、海平面上升等带来的风险,极端天气的频繁出现会直接影响消费、投资和贸易,比如,基础设施、建筑物和厂房设备可能受损,粮食产量和劳动生产率可能受到影响,户外或海上作业的企业可能遭受损失,从而引发特定企业及个人的信用风险变化。以欧洲为例,洪水是其面临的最大物理风险。历史上,洪水造成的经济损失占欧盟自然灾害经济损失的四成以上,每年给欧盟造成损失达78亿欧元。如果21世纪末全球气温升高3摄氏度,洪水给欧盟造成的损失将高达500亿欧元。转型风险是指社会各界积极应对气候变化,包括在公共政策、技术变化、投资者情绪、颠覆性商业模式创新等方面,对企业、个人等主体所造成的风险。比如,一国实施碳税或其他降碳措施会增加高碳行业的成本,导致一些企业经营困难,造成金融体系的不良资产和搁浅资产。

物理风险与转型风险对企业的影响不可忽视。根据欧洲投资银行的调查，58%的欧洲企业认为自己会受到物理风险的影响，这一比例在美国是63%。43%的欧洲企业在应对物理风险和转型风险方面进行了投资，受影响越大的行业或主体，越倾向于开展应对风险的投资。比如，能源密集型企业和大型企业进行气候投资的意愿更强，能源密集型企业是因为需要大量能源作为生产要素，而大型企业则更容易受到来自监管的要求。目前，在管理气候风险方面的金融实践中，除了绿色和转型产品，新型衍生品逐渐发挥重要作用，澳大利亚、印度、墨西哥、南非和美国均使用气候衍生品来稳定农产品价格。2020年，与美国气候相关的期权规模几乎翻了两倍。

管理风险是金融的应有之义，国外金融机构越来越重视应对物理风险和转型风险。欧美大部分的大型金融机构已经开展了环境和气候风险的压力测试和情景分析。根据央行与监管机构绿色金融网络（NGFS）的估算，如果不大幅调整减排政策，2050年全球将因转型风险损失3.5%的GDP，欧盟将损失2.3%的GDP；如果全球未实现《巴黎协定》的目标，2050年欧盟将因物理风险损失12%的GDP。以欧元区为例，银行体系约八成信贷投向受物理风险影响的企业，虽然受转型风险影响较大行业的信贷占比仅14%，但分析显示，如果每吨CO_2的价格突然上涨100欧元，那么银行信贷的损失将增加13%；基金持有的超半数资产属于污染资产，转型风险较大的经济部门投资规模达1.4万亿欧元，其中超半数投向能源密集型行业；保险公司资产中有相当比例投向了基金，风险自然是相互传导的。

物理风险和转型风险对中国金融体系的影响也要高度重视。

我国地理条件较为优越，处在较为稳定的欧亚大陆板块，幅员辽阔，资源丰富，这也是中华文明绵延千年不断的原因之一。从地缘的角度看，在面临气候变化问题时，中国有一定的优势。从这个角度也可以理解，为什么欧洲是环保急先锋，而美国相对没有那么急切。另外，中国极强的资源调配及组织协调能力，可以在一定程度上缓释对日常生活的影响。但这并不意味着全球气候变化给中国带来的物理风险和转型风险就很遥远，实际上有些影响已经开始出现。在应对风险方面，欧美金融机构走在了前面，中国金融机构所做的准备还不充分。

稳定好预期是低碳转型最紧迫的问题

自从习主席在联合国大会上做出"30·60"承诺以来，社会各界高度认同，积极响应。但由于"30·60"目标的实施路线图尚未披露，加之缺乏权威政策解读，市场频现"误读"。其中，关于碳排放、碳汇、可比 GDP 等核心基础指标的核算并不权威，直接导致对达峰排放量、碳捕获与储存（CCS）量等目标的测算存在很大差异，影响市场对目标执行安排、对相关产业影响的判断。甚至有专家表示，2060 年煤电行业将彻底退出中国。此外，煤炭等传统能源以及火电、钢铁等高碳行业企业资产负债规模庞大。不少市场机构认为，高碳行业面临"过时"风险，贷款等金融资产价值不确定性大，"坏账""违约"等风险较高。如果任由其发酵，可能导致金融市场恐慌，并出现羊群效应等非理性行为。2021 年 10 月 24 日，中共中央、国务院发布《关于完整准确全面贯彻新发展理念做好碳达峰碳中和工作的意见》澄清了一些误读。

该《意见》发布之前,市场对"30·60"政策的误读,加剧了煤炭行业的融资难度,并进一步蔓延到钢铁、火电、建材等高碳行业,导致相关行业信用风险上升。煤炭行业供给侧结构性改革仍在推进,负债率持续高企,融资难度明显上升。目前煤炭行业产业结构升级仍在推进,体制改革尚未到位,公司治理还需完善,行业基础比较脆弱。2020年,规模以上煤炭企业资产负债率为66.1%,比全部规模以上工业企业高10个百分点。2020年年底永城煤电、冀中能源等风险事件进一步打击了投资人信心,叠加市场关于"30·60"政策对煤炭行业影响的过度解读,煤炭行业融资难度显著上升。2021年一季度,煤炭行业合计发行债券约420亿元,同比下降七成。除了煤炭行业,火电、钢铁、建材等其他高碳行业也面临较大冲击。据调研,由于"30·60"配套的行业实施路径尚未出台,投资者担忧高碳行业的未来经营和偿债能力,或将收缩对相关行业企业债券和贷款配置。火电、煤炭、钢铁、建材行业债券存续规模分别约12 500亿元、8 600亿元、5 100亿元和1 900亿元,占全市场的比例约为10%。市场过度解读将使煤炭、钢铁等行业融资难度加大,相关行业信用风险水平或将上升。

山西、内蒙古、河北等地高度依赖高碳行业,相关企业利润占比达30%以上,也是当地债券和贷款的重要融资主体,需要高度关注在转型过程中对政策误读导致的金融机构对整个区域融资的"一刀切"现象。据统计,山西、内蒙古、陕西三地煤炭产量占全国的72%,煤炭行业占山西、内蒙古规模以上工业企业利润总额均超过45%,河北省钢铁行业占全省规模以上工业企业利润总额的30%左右。上述区域经济对煤炭、钢铁等行业的依赖度较高，相关行业的融资体量也较大。从债券规模来看，山西、内蒙古、河北、陕西高碳行业债券存续规模均占全省的1/4以上，特别是山西，煤炭行业存续规模占比接近六成。相关区域本就面临较大产业转型压力，市场对"30·60"目标的误读将通过冲击相关企业融资影响区域内产业转型发展。

稳定预期是有序推动低碳转型的重要前提，必须防止市场形成羊群效应，避免扰乱市场秩序。可从以下几方面着手：一是有关部门要尽快制定具体实施路线图，在目前总体目标下形成工作措施和任务安排；二是要加强政策解读，做好与公众的沟通，及时澄清"误读"，引导市场形成合理预期；三是加强产业政策、环保政策、金融政策协同，关注高碳行业以及各地实际情况，根据各地实际分类施策，避免"一刀切"；四是金融监管部门要及时对非理性行为进行疏导，避免羊群效应影响企业融资和金融市场稳定；五是加强金融市场创新，通过可持续发展挂钩债券等加强对传统行业的转型支持；六是要加快完善我国碳市场建设，充分利用价格信号引导有序的低碳转型。

低碳转型对宏观政策的重大影响

从央行的角度看，货币政策要盯住的主要变量是通胀和增长。气候变化与低碳转型对通胀与增长都有潜在影响，宏观管理部门要加强测算和评估，将气候变化与低碳发展产生的宏观影响纳入决策框架。2008年国际金融危机后，金融稳定逐渐成为各国央行需要关注的目标，而气候变化与低碳转型对金融稳定的影响也不容忽视。

气候变化与低碳转型对通胀有直接和间接的影响，加剧通胀波动。气候变化会导致农作物产量的不稳定，而农产品价格是影响CPI（居民消费价格指数）变动的重要因素，特别是在我国，CPI周期大多时候是由食品价格带动的。碳配额或者碳税等政策会直接影响通胀，在增加碳价的额外成本后，高碳行业链条上的相关产品都要涨价。相比碳税，碳市场的定价波动性更大，出于平抑通胀的考虑，碳市场要建立价格稳定机制。另外，低碳技术与可再生能源的发展可能导致更低的电价，抵消被推高的通胀。关于气候变化及低碳转型的政策对我国通胀的影响程度，国内外机构的判断还有一定分歧。有国内机构认为，钢铁、水泥等行业对减排已做了几年准备，对通胀的冲击可能不是很大；花旗则认为，中国可能出现超预期的通胀上行。

气候变化与低碳转型对经济增长的影响也有多方面。气候变化对经济增长的影响是负面的。根据OECD（经济合作与发展组织）测算，如果不采取进一步的应对措施，全球温度预计升高1.5~4摄氏度，到2060年对全球实际GDP的负面影响可能会达到1%~3.3%，到2100年会达到2%~10%。而低碳转型政策对经济增长的影响有不确定性。一方面，低碳转型将使高碳行业遭受损失，产生搁浅资产，有些企业会被迫退出市场；另一方面，新能源等行业的发展，以及低碳转型需要进行大规模的基础设施投资，会拉动经济增长。有国际机构估算，2015—2030年全球可以新增9万亿美元的节能投资和5万亿美元的低碳电力改造升级投资，不过，9.3万亿美元会被传统能源行业减少的资本支出对冲。同时，低碳基础设施的运营支出还可以再节约5万亿美元。

气候变化与低碳转型对金融稳定会产生很大的影响。气候变化及低碳转型带来的物理风险与转型风险，会对金融机构的资产估值造成重大冲击，特别是对一些转型进度较快的经济体，可能出现资产风险的集中暴露，甚至危及金融体系的正常运转。目前，主要经济体的央行都在关注气候变化与低碳转型对金融稳定的潜在影响，积极进行金融系统的压力测试，并考虑适当增加资本金等应对政策。在转型风险方面，荷兰央行在2018年对金融机构进行的气候压力测试表明，保险公司的资产损失可达11%，银行的资产损失可达3%；法国央行对金融机构的分析结果是，银行及保险公司的转型风险敞口高达8 000多亿欧元。这些测试结果均表明，必须高度重视低碳转型过程中的金融稳定风险。

低碳转型需要全社会转变投资理念

在低碳转型过程中，金融体系的投资理念必须转变。目前，要实现《巴黎协定》规定的雄心勃勃的低碳转型目标，资金缺口很大。以欧盟为例，截至2019年，过去10年在能源体系方面的投资占GDP的1.3%，要实现2030年温室气体减排55%的目标，未来10年的投资则需要提升到GDP的2.8%，而在运输方面的投资未来10年需要达到GDP的3.7%。这些资金缺口完全依赖增量投资很难实现，大部分还是要依靠资源的重新配置。现在，ESG投资理念得到了国际上的普遍重视，已经被纳入一些投资机构的治理框架，甚至在欧美国家，ESG投资需求超出了产品供给，出现供不应求的状况。在ESG投资观念成为国际趋势之后，如果国内金融机构的投资观念不转变，容易在国际上遭受抵制。之前，一些国外非政府组织抵制我国的国有银行，认为其在"一带一路"沿线国家投资了不少火电厂，增加了碳排放量。可以预见，在全球共同的气候目标下，无论是非政府组织、金融机构，还是普通的投资者，都必须遵从可持续投资的时代潮流。我国宣布的碳中和目标无疑将成为绿色低碳"一带一路"建设的巨大推动力。2021年9月，习近平主席宣布不再支持境外新建煤电项目[①]，没有设置任何例外条件。

可持续金融：碳金融、绿色金融与转型金融

可持续发展与可持续金融

近年来，可持续发展受到国际社会越来越多的关注，联合国设定17个可持续发展目标与《巴黎协定》的顺利通过，标志着国际社会就可持续发展与环境友好型社会达成了共识。可持续发展的概念最早起源于20世纪50年代的环境保护运动，旨在解决世界范围内由人口爆炸和消费增长引起的生态退化、环境污染、资源短缺等一系列全球性环境问题。1987年，联合国在《我们共同的未来》报告中首次正式定义了可持续发展，"既能满足当代人的需要，又不对后代人满足其需要的能力构成危害的发展"。可持续发展早期的概念主要是在环境领域，后来才延伸到社会、经济等其他领域。2015年，全球可持续发展峰会正式通过了《2030年可持续发展议程》，设定了贫困与饥饿、经济增

---

① 资料来源于人民网。

长、饮用水、资源、能源、气候变化、海洋、化学品、生物多样性等17个可持续发展目标，希望以多种方式彻底解决经济、社会和环境三个维度的发展问题，使全球走上可持续发展道路。同年，《巴黎协定》的通过成为另一个标志性事件，各方认为要尽快实现碳达峰并于21世纪下半叶实现碳中和。

在可持续发展兴起的过程中，逐渐形成了可持续金融的概念。可持续发展意味着技术框架的革新、消费模式的变化等，而资金投入是关键问题。据联合国统计，要实现可持续发展的目标，全球每年要投入5万亿~7万亿美元，其中发展中国家要投入3.3万亿~4.5万亿美元，而现阶段来看，投入的资金量远远不够。这推动了可持续金融的发展，越来越多的国际组织、国家和地区开始参与其中，重视ESG投资，出台可持续金融政策与行动计划。2019年，《达成可持续发展目标的融资路线图》发布，这成为可持续金融的全球行动指南。2021年10月，G20（20国集团）财长和央行行长会议核准由中国人民银行与美国财政部共同牵头起草的《G20可持续金融综合报告》和《G20可持续金融路线图》，使可持续金融的未来方向和实现路径越来越清晰。

在这个过程中，可持续金融的内涵与边界不断延伸。早期，可持续性金融以环境目标为主，如绿色金融与气候金融，现在延伸至可持续发展领域的各个目标，包括环境目标、社会目标、经济目标、其他可持续发展目标，都建立了对应的可持续金融子类。欧盟委员会将可持续金融定义为，金融部门进行投资决策时适当考虑环境、社会和治理因素。具体地讲，环境因素是指减缓和适应气候变化，以及保护生物多样性、防止污染和发展循环经济等。社会因素是指不平等、包容性、劳动关系、对人力资本和社区的投资以及人权问题。公共和私营机构的治理，包括治理结构、雇员关系和行政薪酬，在确保将社会和环境因素纳入机构决策过程中发挥着根本性作用。

环境可持续金融

气候问题是实现联合国 17 个可持续发展目标的核心。大多数科学证据表明，21 世纪极端天气将达到临界点，更严重的洪水、风暴和干旱将频繁发生，对食物和水供应、海洋生态和数十亿生物将产生极大的负面影响，依赖地球健康和生物多样性的脆弱生态系统将处于危险之中。由于跨物种病原体的催生或者气候问题产生的特殊物种与人类接触，可能出现更多流行病。这就是说，如果气候问题造成灾难性后果，那么想实现其他可持续发展目标是不太可能的。

环境可持续金融是可持续金融的主要部分，对低碳发展等环境目标形成了全方位的金融支持。在可持续金融中，与环境目标相关的金融活动起步最早、应用最广泛。2019 年 6 月，欧盟委员会发布了《欧盟可持续金融分类方案》，明确了具有环境可持续性的经济活动类型，要有助于实现六大环境目标（气候变化减缓，气候变化适应，海洋与水资源可持续利用和保护，循环经济，废弃物防治和回收、污染防控，保护健康的生态系统），还要遵循对一个或多个目标有"实质性贡献"且对其他目标"无重大损害"原则（图 1-3）。"实质性贡献"又分为"对减缓气候变化有实质性贡献"和"对适应气候变化有实质性贡献"。"对减缓气候变化有实质性贡献"是指，这类经济活动减少温室气体排放或吸收温室气体，包括近零碳活动（绿色活动）、转型类活动和辅助类活动。"对适应气候变化有实质性贡献"是指，这类经济活动有助于减少未来气候变化的负面影响。

当前，在环境可持续金融中，在实践中有广泛影响的概念包括以下三个。

一是绿色金融。绿色金融支持零碳或近零碳的经济活动，要求比较严格。绿色金融的概念于1991年首次提出，相关政策框架日益完善，各种绿色金融工具快速发展，包括绿色债券、绿色贷款、绿色基金等。2016年，绿色金融首次列入G20峰会议题，受此影响，全球很多国家开始制订绿色金融政策及行动计划。目前，中国绿色贷款存量规模居世界第一位，绿色债券存量规模居世界第二位。

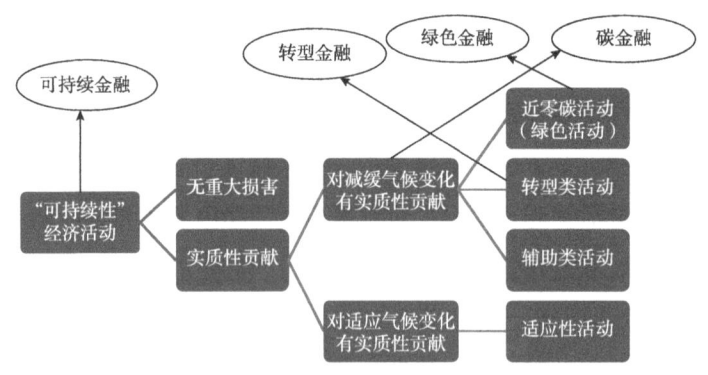

图1-3 《欧盟可持续金融分类方案》对"可持续性"经济活动的定义

二是转型金融。随着《巴黎协定》的达成，国际社会发现，绿色金融支持的只是一小部分经济活动，并不能满足21世纪中叶实现碳中和的目标。有些高碳经济活动可以直接转型成绿色经济活动，但有些高碳经济活动由于经济效益或技术限制，暂时没有可行的绿色替代方案，一次性向绿色直接转型成本巨大、很难实现，需要通过逐步转型以支持《巴黎协定》的目标实现。转型活动虽然没有达到近零排放，但同样可为应对气候变化做出重要贡献。转型活动比绿色活动多得多，包括高碳产业的技术改造升级等。2019年，OECD提出了转型金融的概念，目前发展得很快。中国已经创新推出了可持续挂钩债券（SLB）等转型金融产品，在这一领域也走在世界前列。

　　三是碳金融。碳金融包括碳排放权交易、碳衍生品交易等。一般地，碳金融不在狭义的可持续金融的范围，但由于功能较为相似，可纳入广义的可持续金融的概念范围。绿色金融和转型金融指金融体系的资金支持或者投资理念，与碳金融有所区别。但碳金融的核心功能是融资，此外还有风险管理与定价功能，这个意义上又与绿色金融、转型金融比较相似。2006年，基于《京都议定书》，世界银行在碳金融发展年度报告中首次界定了碳金融。随着越来越多的国家和地区陆续建立碳市场，碳金融事实上成为低碳发展最主要的资金渠道。中国很早就开始试点地区性碳市场，2021年在前期基础上建立了全国性碳市场，从配额量来看已是全球最大的碳市场，但配额分配仍是免费的，价格信号还不能有效推进低碳转型，因此，进一步完善碳市场机制及配套改革势在必行。

第二章

低碳转型必须充分认识中国能源结构特点

能源结构转型是低碳转型的核心问题，认识我国的能源结构特点是认识我国低碳转型问题的一个基础。能源结构特点将在很大程度上影响低碳转型的目标、路径设计，以及各方面如何具体行动。因此，我们必须知道当前能源结构的总体状况，以及优势和困难分别是什么。由于发展阶段与技术水平、资源禀赋特征的不同，中国的能源结构与世界其他国家是有差异的，这导致我国的低碳转型可能比多数国家更困难。如何在不影响国计民生、经济发展、能源安全的前提下完成转型，有很多问题需要注意。总之，中国低碳转型制度设计中要高度重视能源结构问题，否则其将反过来形成掣肘。

世界能源结构的历史演变

能源可以分为一次能源和二次能源。一次能源是直接从自然界获取、不经加工就可以使用的天然能源，包括煤炭、石油、水能、风能、太阳能等。二次能源是一次能源经过加工形成的能源形态，包括电能、蒸汽等。一般地，能源结构是指一次能源中各种能源的构成，包括消费结构和生产结构。

世界能源结构的三次转型

从钻木取火开始，人类进入薪柴时代。薪柴是人类第一代能源，主要来自木材、秸秆等。恩格斯曾经说，摩擦生火第一次使人支配了一种自然力。薪柴可以用于煮食、取暖、照明、冶炼等，改善人类的生活条件，促进人类进化。这一阶段持续时间十分漫长，消耗能源十分有限。

煤炭由于热量高于薪柴并易于获取，因此逐渐进入人类视野。到了工业革命时期，低能量的薪柴已满足不了人类巨大的能源需求，煤炭的需求快速增长，世界能源结构发生第一次转型。随着蒸汽机推广、冶金工业兴起、铁路航运发展，煤炭使用量大大增加。20世纪初，煤炭在能源构成中占绝对优势，在工业国家能源结构中占90%以上。

随着世界由蒸汽时代跨入电气时代，需要能量更高且不受移动限制的能源方式，这方面石油比煤炭更加理想，触发了世界第二次能源转型。中东国家发现大量的新油田，同时石油工业产业链日趋完善。20世纪70年代初，石油占比已经超过煤炭，第二次能源结构转型基本完成。

随着环境问题日益突出，可持续发展逐渐提上日程，世界开始寻找新的能源。进入20世纪90年代，天然气成为石油、煤炭之外的第三大常规能源品种，核能、水能、风能的开发利用也快速发展，逐渐形成了化石燃料为主导、可再生能源快速发展的能源格局，全球进入了从石油主导转向清洁和可再生能源的第三次能源转型。

当前世界能源结构演变中的问题及展望

从历史趋势来看,除了特殊年份,全球能源消费量整体持续增长。1973 年全球能源消费 57 亿吨油当量,2020 年达到 133 亿吨油当量,年均增长约 2.8%。其间,仅 2009 年、2020 年能源消费量出现下降,2009 年主要是受全球金融危机的深度影响,较上年下降 1.8%;2020 年则是新冠肺炎疫情造成全球经济下滑、能源需求急剧下降,当年能源消费量较上年下降 4.5%,是二战结束以来的最大降幅。2021 年以来,随着经济逐步复苏,全球能源需求有所恢复。

在需求持续增长的情况下,低碳转型加剧了供需矛盾。全球一次能源消费结构仍以化石能源为主,石油、煤炭和天然气三分天下,2020 年占比分别为 34%、30% 和 24%,非化石能源和可再生能源占比仅为 12% 左右。化石能源对气候的负面影响成为世界共识,各国不得不在经济增长、环境保护、能源结构之间进行调整。虽然水能、风能和太阳能等可再生能源技术不断进步,成为全球能源体系的重要补充,但这些能源受季节、气候等因素影响较大,储能系统较为薄弱,调频、调峰功能受限,无法稳定地供应电力,因此在能源消费中占比仍然不高。

若处理不好低碳转型过程中的能源供需矛盾,就会出现能源危机。以目前的技术水平和供需状况,能源转型的快速、廉价和良好效果,这三者不可能在短期同时实现。近期出现能源危机的各国,基本上都寻求清洁能源替代煤炭、石油。欧洲实行了严格的减排标准,碳市场价格已经翻了几倍,有些国家濒临能源危机。以英国为例,能源依赖进口,能源价格不够市场化,部分供应商抵御风险的能力较差。2021年以来,英国天然气价格大幅上涨,一度较年初上涨近9倍,同时根据英国天然气电力市场办公室的数据,10月末的每周平均电价较年初翻了1倍。此外,在欧洲低碳转型计划下,作为英国最大电力进口来源地,法国拟将全国发电中的核电占比由目前的75%降至50%,导致其能源产量和出口能力受影响。脱欧和疫情造成的供应链和劳动力流通不畅,也加剧了英国的能源危机,对英国经济复苏造成新一轮冲击。

在应对供需矛盾问题上,发展中国家面临的挑战更大。近几十年,北美洲、中南美洲、欧洲、中东、非洲及亚太等地区的能源消费量均有所增加,但受经济结构、科技水平等多方面的影响,各地区仍有较大不同。其中,亚太地区由于发展中国家居多,且拥有中国和印度两个尚未实现工业化的人口大国,能源消费量高居全球第一。2020年,亚太地区一次能源消费量达60.5亿吨油当量,占全球比重达45%(图2-1)。北美和欧洲地区则是发达国家居多,已经进入后工业化社会,经济向低能耗、高产出的产业结构发展,能源消费增长明显低于发展中国家。从长远来看,发展中国家的能源消费量还将保持高增长的态势,在低碳转型背景下面临的挑战显然更大。

展望未来,虽然各国对能源转型的进程缓急、政策侧重点等问题存在着广泛、激烈的分歧,但对世界能源结构总体发展趋势已达成一定共识。一是化石能源在一定时间内仍为世界主要能源。国际各大能源研究机构面向2040年的预测显示,化石能源在能源需求中占比降至73%~78%,非化石能源占比提升至22%~26%,此消彼长约发生10个百分点的结构调整。化石能源也会寻求自我革新,将朝着清洁、高效的方向发展。二是新一轮技术创新可能推动能源产业革命。可再生能源在全球新发电容量市场占据主导地位，已成为许多地区最便宜的电力来源，而且表现出良好的弹性。一些欧洲国家坚定走"弃煤"路线，是全球能源转型的急先锋。展望未来，在光伏发电和风力发电相继进入平价的时代，一些提高发电效率、降低发电成本、新型的储能技术等将不断涌现，会对全球能源格局产生深远影响。

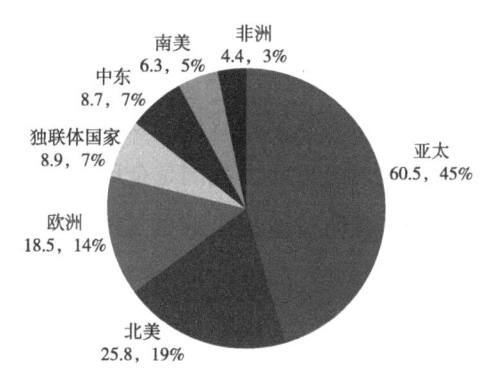

图2-1　2020年全球分区域一次能源消费量及在全球占比

注：单位为亿吨油当量。
数据来源：根据资料整理。

中国能源结构及与美国比较

新中国成立初期，我国工业体系不健全，属于典型的农业国家。从能源产量上看，新中国成立初期我国煤炭年产量3 000万吨，原油产量12万吨，天然气产量0.1亿立方米，发电量12亿千瓦时，无法满足国内的生产生活需要。随着国民经济发展，技术快速进步，现在各种能源产量均呈现数十倍甚至数百倍的增长。与改革开放初期相比，2020年原煤产量增长6.3倍，原油产量增长 1.9 倍，天然气产量增长 13.9 倍，发电量增长 30.3 倍。不过，受资源禀赋与技术能力的约束，当前中国能源结构仍有其自身特点，了解这些特点有助于更好地应对低碳转型过程中的挑战。

中国各种能源的储量、产量和消费量

传统能源储量丰富但难以满足需求，清洁能源开发还有空间

煤炭仍是我国主要的能源产品。我国煤炭资源储量丰富（图 2-2），根据自然资源部的数据，我国主要能源矿产储量中，煤炭储量达 1 623 亿吨[①]。2020 年，我国是全球最大的煤炭生产国、消费国和进口国，煤炭消费量占全球的 53%，冶金煤所占份额更是高达 68%（国际能源署，2021）。作为主导能源，煤炭占全国能源总消费量的 57%。2020 年，全国煤炭产量为 39 亿吨，消费量 43 亿吨，存在一定的供需缺口。

石油、天然气需求强劲，但自给能力不足。原油是工业的"血液"，是重要的工业能源。2020 年，全国石油储量（图 2-3）[②]为 36.19 亿吨，产量为 1.95 亿吨，消费量为 6.7 亿吨。2008 年，原油对外依存度达到 49% 的警戒线，此后不断创出新高，2020 年攀升至 73% 的历史高位。原油过高的对外依存度已经影响到能源安全，但我国在全球原油储量中占比不高，内部挖潜空间有限。2020 年，我国天然气储量（图 2-4）为 6.3 万亿立方米，产量为 1 925 亿立方米，消费量为 3 306 亿立方米，近一半的天然气消费

---

① 2020 年更改统计口径。
② 石油、天然气储量参照国家标准《油气矿产资源储量分类》（GB/T 19492—2020）。

要依靠进口。为保障能源安全，我国长期鼓励加强天然气资源勘探开发，2019年还首次在油气勘探开发行业提出了增储上产"七年行动计划"。

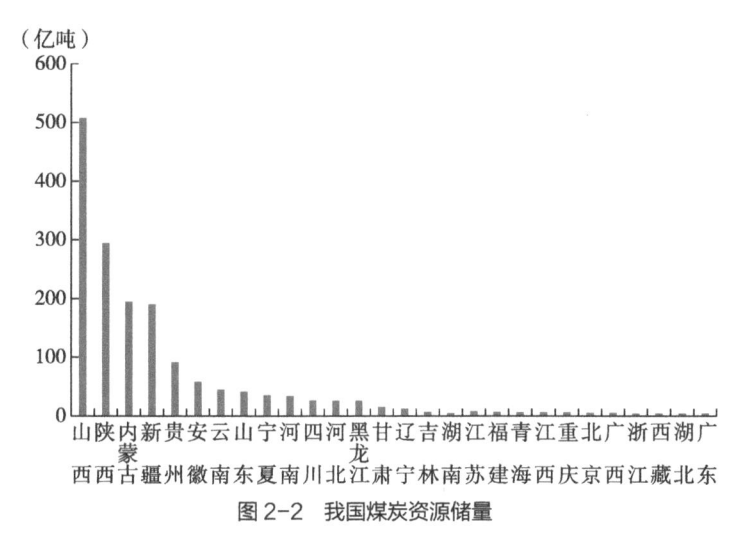

图2-2　我国煤炭资源储量

数据来源：自然资源部。

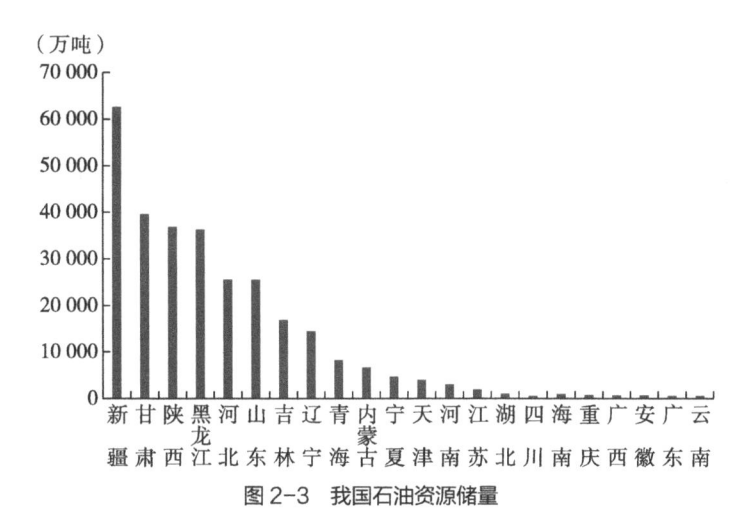

图2-3　我国石油资源储量

数据来源：自然资源部。

图 2-4　我国天然气资源储量

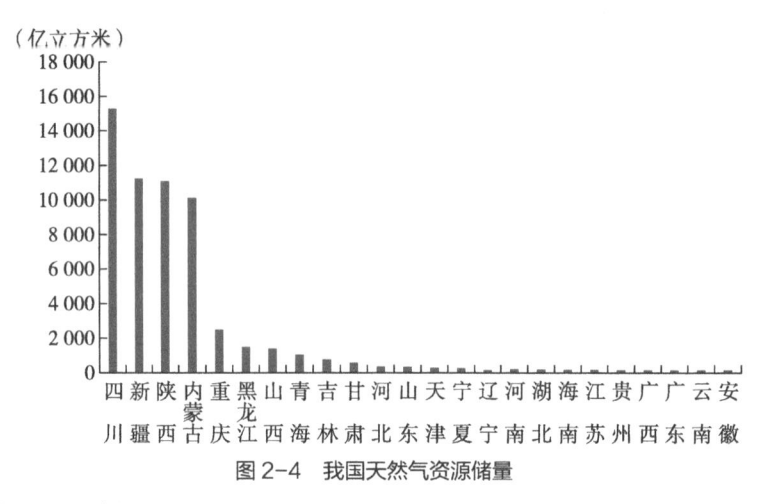

数据来源：自然资源部。

可再生能源开发快速增长，装机总量占比接近半数（图 2-5）。截至 2020 年底，煤电装机容量 10.8 亿千瓦，占比为 49.1%，首次降至 50% 以下。而全口径非化石能源发电装机容量合计 9.8 亿千瓦，占总发电装机容量的比重达 44.8%。其中，我国水力资源蕴藏量为 6.76 亿千瓦（表 2-1），可开发量 3.79 亿千瓦，截至 2020 年底，水电装机 3.7 亿千瓦；据测算，中国 10 米高度层的风能资源总储量为 32.26 亿千瓦，实际可开发利用量为 10.3 亿千瓦，截至 2020 年底，风电装机 2.8 亿千瓦；我国太阳能蕴藏量丰富，国土面积每年接受的太阳能辐射相当于 1.73 万亿吨标准煤的热量，截至 2020 年底，光伏发电装机 2.53 亿千瓦；截至 2020 年底，我国核电装机 4 989 万千瓦，尽管在可再生能源装机中占比较低，但已经位居世界第三；我国生物质能源总量大约是 10 亿吨标准煤，但生物质发电还处于发展初期，专业化程度不高，截至 2019 年底，全国已投运生物质发电项目装机容量 2 254

万千瓦，占全部电力装机容量的1.03%。

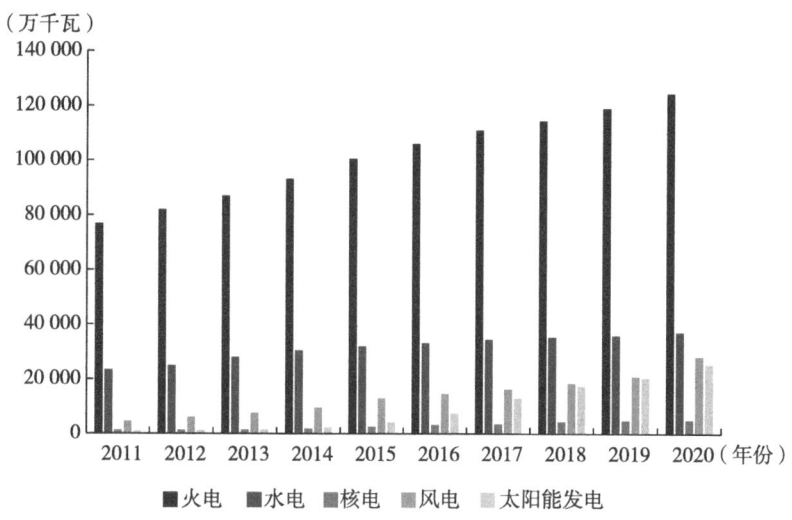

图2-5 火电、水电、核电、风电、光伏装机量

数据来源：中电联。

表2-1 我国能源储藏和开采情况

能源类别	储量	产量	消费量
煤炭（亿吨）	1 622.88	39	43
石油（亿吨）	36.19	1.95	6.7
天然气（亿立方米）	62 665.78	1 925	3 306
	蕴藏量	可开发量	
水力（亿千瓦）	6.76	3.79	
风能（亿千瓦）	32.26	10.3	
太阳能（亿吨标准煤）	17 300	—	

数据来源：国际能源署，中国气象科学研究院。

传统能源产量和消费量占比下降，清洁能源占比上升

近年来，我国能源结构持续优化，但受制于资源禀赋与技术能力等因素，煤炭占比仍偏高，清洁能源占比还有提升空间。从排碳量来看，化石能源比清洁能源高。在化石能源中，煤炭、石油、天然气的排碳量也不同，煤炭最高，石油次之，天然气最低。20世纪50年代到2020年，传统能源的产量和消费量占比下降（表2-2），从1957年的97.1%和97%下降到2020年的80.4%和84.1%，水电、核电、风电等清洁能源的产量和消费量占比上升，从1957年的2.9%和3.0%提高到2020年的19.6%和15.9%。在传统能源中，煤炭的产量和消费量占比分别由1957年的94.9%和92.3%降至2020年的67.6%和56.8%，石油的产量和消费量占比分别由1957年的2.1%和4.6%提高至2020年的6.8%和18.9%，天然气的产量和消费量占比分别由1957年的0.1%和0.1%提高至2020年的6.0%和8.4%。

各种能源发电结构

电力是最重要的二次能源，也是可再生能源发挥作用的主要领域。分析发电结构（表2-3）对于研判能源结构发展趋势具有重要意义。具体来看，中国电力结构有以下特点。

火电占比虽有所下降，但主体地位难以动摇。利用可燃物等所含能量发电的方式统称火力发电，是我国主要的发电方式，长期占据全国发电量的七成左右。2011年，全国火电占总发电量的比重高达82%，2021年虽然明显下降，但仍达到67%。近年来，火电装机容量占比逐年下降，但受能源结构、历史电力装机

表2-2 各种能源产量和消费量占比

能源年份	煤炭	石油	天然气	化石能源合计	水电、核电、风电等清洁能源
产量占比（%）					
1957	94.9	2.1	0.1	97.1	2.9
1965	88.0	8.6	0.8	97.4	2.6
1970	81.6	14.1	1.2	96.9	3.1
1980	69.4	23.8	3.0	96.2	3.8
1990	74.2	19.0	2.0	95.2	4.8
2000	72.9	16.8	2.6	92.3	7.7
2010	76.2	9.3	4.1	89.6	10.4
2020	67.6	6.8	6.0	80.4	19.6
消费量占比（%）					
1957	92.3	4.6	0.1	97.0	3.0
1965	86.1	10.3	0.9	97.3	2.7
1970	80.9	14.7	0.9	96.5	3.5
1980	72.2	20.7	3.1	96.0	4.0
1990	76.2	16.6	2.1	94.9	5.1
2000	68.5	22.0	2.2	92.7	7.3
2010	69.2	17.4	4.0	90.6	9.4
2020	56.8	18.9	8.4	84.1	15.9

数据来源：国家统计局。

布局等因素影响，国内电力结构仍将长期以火电为主。

表 2-3　2021 年各种能源发电结构

指标名称	计算单位	发电量	发电量占比（%）
全国发电量	万亿千瓦时	8.39	100
其中：水电	万亿千瓦时	1.34	16
火电	万亿千瓦时	5.65	67
核电	万亿千瓦时	0.41	5
风电	万亿千瓦时	0.66	8
太阳能	万亿千瓦时	0.33	4

数据来源：中国电力企业联合会。

水电资源充沛，但区域分布不均衡。我国水资源呈现较明显的区域特征，西藏和四川最丰富，其次是云南和广东，四个省区水资源几乎占全国一半。由于我国水资源分布不均衡，在装机容量最大的四川省和云南省，近年来投资兴办了许多小型水电厂。受水电季节性因素较强、外送通道困难或成本较高等因素影响，容易出现阶段性水电过剩，导致四川、云南长年发生"弃水"现象，即水电站发电能力未得到充分利用。

光伏发电后来居上，已占据全球行业技术高点。太阳能资源分布广泛且取之不尽、用之不竭，理论上是一种极具可持续发展理想特征的可再生能源发电技术，但历史上长期受到转换效率低、成本高企的限制。在政府和市场共同作用下，近年来我国光伏产业技术快速进步，涌现出一批优秀龙头公司，并凭借资金、技术、成本等优势进入国际市场，产业链的各环节向国内集中。但光伏行业的进一步发展还要突破一些瓶颈问题。

风力发电已经具备国际竞争力，但比较优势不如光伏。风能是自然界的产物，拿来就可以用作资源，具有广阔的应用前景。目前，我国在大容量机组研发等方面处于国际领先水平。过去10年，风电产业发电效率提升35%~40%，风电场开发造价下降35%，风机单位造价下降35%，风机单位运营成本下降到35元/千瓦，陆上风电成本下降40%左右。但与光伏发电已实现平价上网相比，我国的风电产业在降成本方面仍需努力。

核电稳步增长，在电力供应中占比较低。核能比化学能大得多，所以核电站消耗的核燃料比同样功率的火电厂消耗的化石燃料少得多，而且不排放温室气体。我国核电发展起步较晚，但发展速度较快。核电在西方国家近年来发展较慢，有的甚至出现负增长。美国自2008年页岩气革命以来，近年来陆续有核电机组永久关闭；德国原是欧洲核电强国之一，2011年日本福岛核事故发生后，德国政府宣布将逐渐放弃核电；瑞士、比利时、西班牙和法国同样计划放弃或缩减核能。

生物质能发电占比较低，但在其他领域应用前景广泛。生物质能是自然界中植物提供的能量，这些植物以生物质作为媒介储存太阳能，属可再生能源。在欧美发达国家，生物质能发电已形成非常成熟的产业，成为一些国家重要的发电和供热方式。在我国，生物质能发电规模逐年上涨，但仍处于发展初期，尚未成功开拓高价值商业化市场。实际上，我国生物质能在非电领域已有较多的应用，例如生物质清洁供热项目、沼气和生物天然气项目等。

各种能源价格变化

2020年以来，我国传统能源的价格整体走高，反映了日益紧张的能源供求关系。2013—2022年，我国柴油、汽油、天然气的价格波动较大（图2-6与图2-7），有明显的周期性。柴油、汽油、天然气经历了2015年、2016年和2020年的低谷后，目前已经接近2013年的高位水平。煤炭价格在2013—2020年变动幅度不大，但从2021年起价格明显攀升，已经处在近10年来的高位水平。

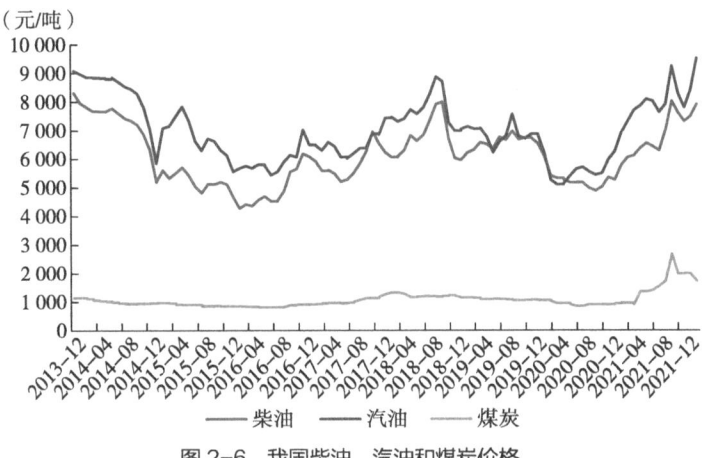

图2-6　我国柴油、汽油和煤炭价格

数据来源：国家统计局。

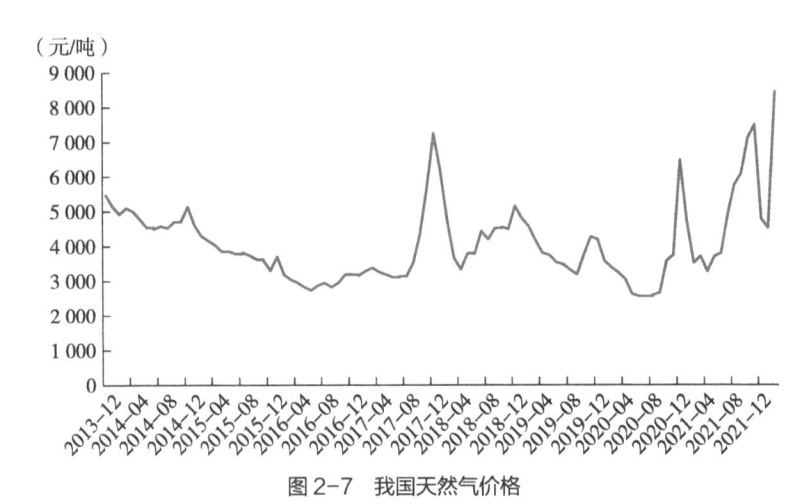

图2-7　我国天然气价格

数据来源：国家统计局。

美国各种能源的产量、消费量和储量

美国的能源分为三类：化石燃料、核电、可再生能源。其中，化石燃料包括煤炭、石油和天然气，可再生能源包括水力、生物燃料、地热、太阳能及风能等。

美国成为能源净出口国

美国从能源净进口国变为净出口国（图2-8）。1949—2020年，美国能源产量和消费量分别从31.72千万亿Btu（英国热量单位）、31.98千万亿Btu上升到95.65千万亿Btu、92.95千万亿Btu，大体增长了2倍左右。在2005年以前，美国能源消费量持续高于产量，缺口不断扩大；但2005年以后，能源产量快速增长，缺口开始缩小，目前已经降为负值，说明美国变成能源净输出国。相比之下，我国煤炭、石油和天然气都需要依赖进口，其中石油和天然气依赖进口的比例较高。

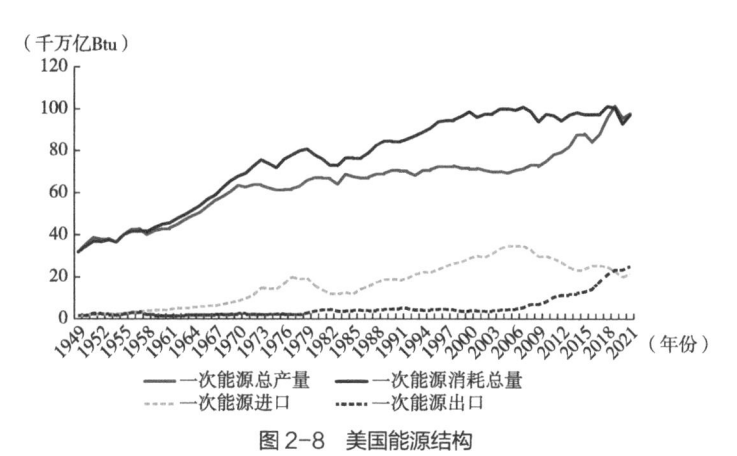

图 2-8　美国能源结构

注：1Btu 约为 1.055 千焦。
数据来源：美国能源信息署。

美国能源生产结构

从能源生产结构来看（图2-9与图2-10），美国化石燃料占比不断降低，从1949年的90.6%降至2020年的79.2%，但占比依然很高；可再生能源占比小幅上升，从1949年的9.4%升至2020年的12.2%；核能发电量自20世纪70年代迅速提高，对能源产量的贡献明显加大，现在基本稳定在10%左右，2020年为8.6%。比较中美能源生产结构，化石能源的占比都在80%左右，但我国的煤炭占比接近70%，石油和天然气占比各自在6%~7%；而美国自2005年以来，天然气和石油的产量快速上行，目前是美国最主要的两种能源。

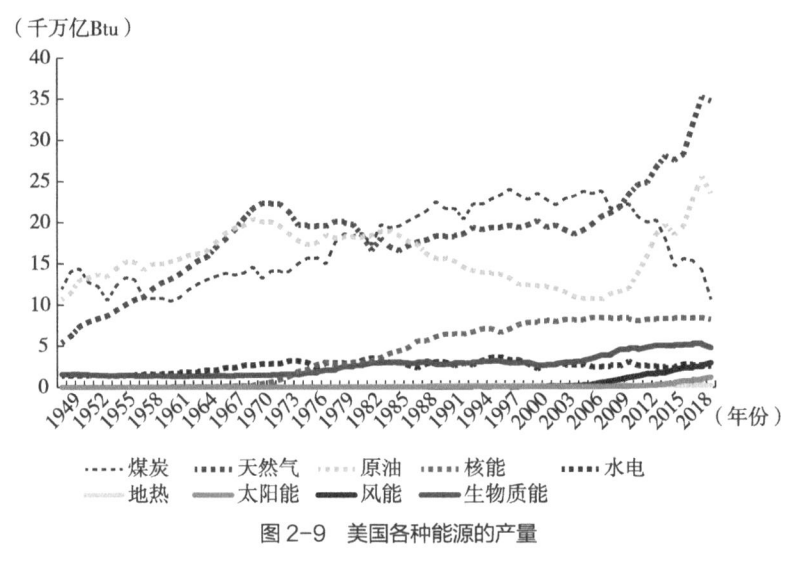

图2-9 美国各种能源的产量

数据来源：美国能源信息署。

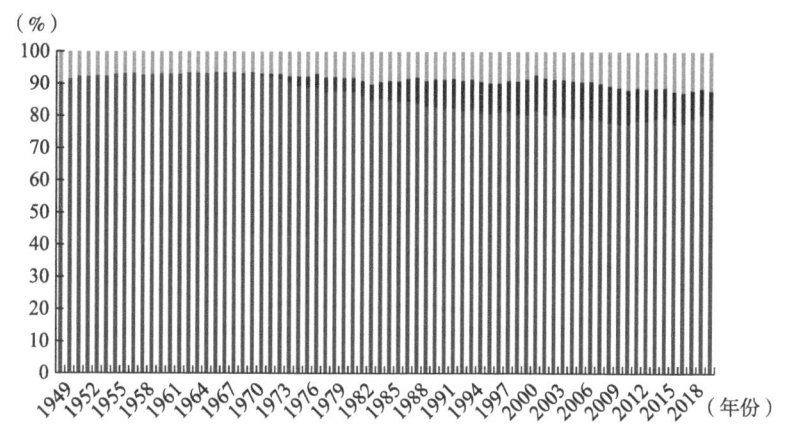

图 2-10 美国各种能源生产占比

数据来源：美国能源信息署。

美国能源消费结构

美国能源消费主要依靠化石燃料（图 2-11 与图 2-12）。从占比来看，化石燃料从 1949 年的 90.7% 降至 2020 年的 78.6%，占比依然很高，其中，石油和天然气明显高于煤炭；可再生能源在 21 世纪以来快速增长，目前反超了核能，从 1949 年的 9.3% 升至 2020 年的 12.4%；自 1960 年开始，核能用于发电，其电力消费量持续增长，占比跃升至 2008 年的 8.5%，但近年来处于停滞状态，2020 年占比为 8.9%。

美国能源发电结构

美国煤电占比近 10 年来快速下滑（图 2-13）。2020 年，化石燃料发电的占比达到 60%，核能占比 20% 左右，可再生能源占比 20%。值得注意的是，美国煤电占比近年来出现快速下滑，与之对应，天然气发电和风电快速发展。

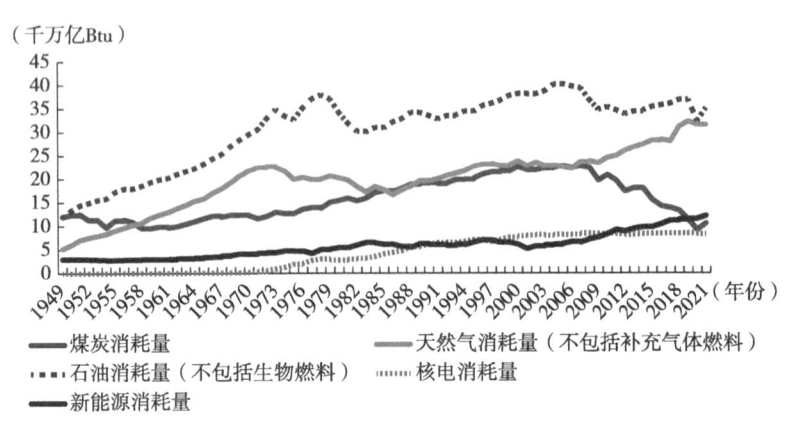

图 2-11 美国各种能源的消费量

数据来源：美国能源信息署。

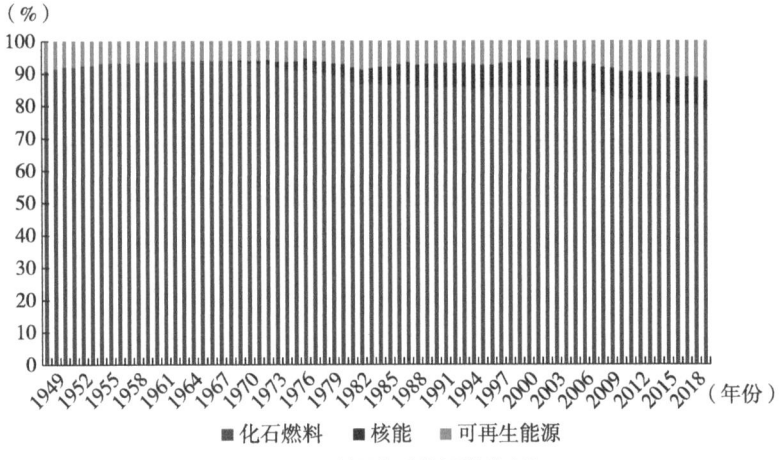

图 2-12 美国各种能源消费占比

数据来源：美国能源信息署。

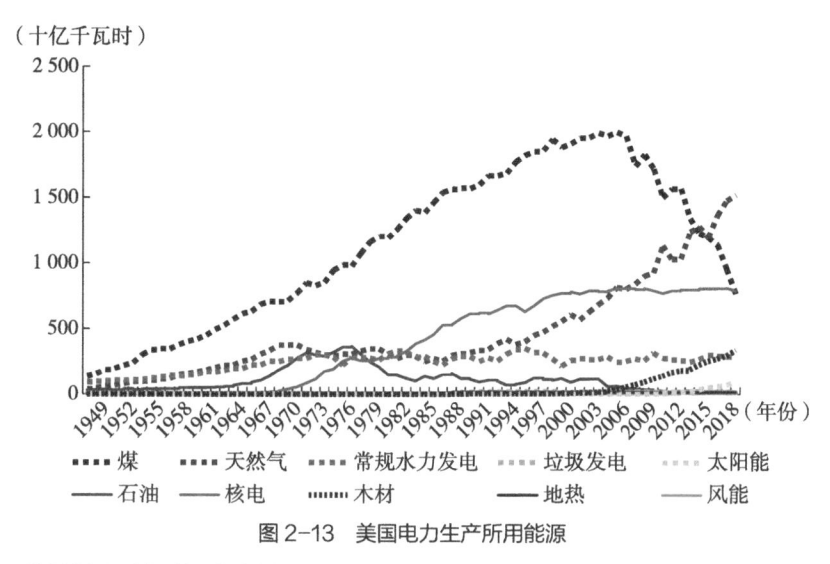

(十亿千瓦时)

图 2-13 美国电力生产所用能源

图例：煤　天然气　常规水力发电　垃圾发电　太阳能　石油　核电　木材　地热　风能

数据来源：美国能源信息署。

美国各种能源的消费用途变化

自1949年至今，工业、交通、家庭和商业部门的能源消费量大幅上升（图2-14）。其中，工业部门消费量最大且表现出很大的波动性，1975年、1980—1982年、2001年、2005年和2008年因高油价和经济下滑，工业部门消费量曾出现大幅下降。

石油。交通部门的石油消费最多且增长速度最快（图2-15）。2020年日均消费11.9百万桶，占整个石油消费量的65%。

天然气。工业部门的天然气消费量此前长期居第一位（图2-16），且因产出变化而表现出很强的波动性，目前被电力部门反超居第二位。自20世纪90年代以来，电力部门的天然气消费量快速攀升，目前上升至第一位。

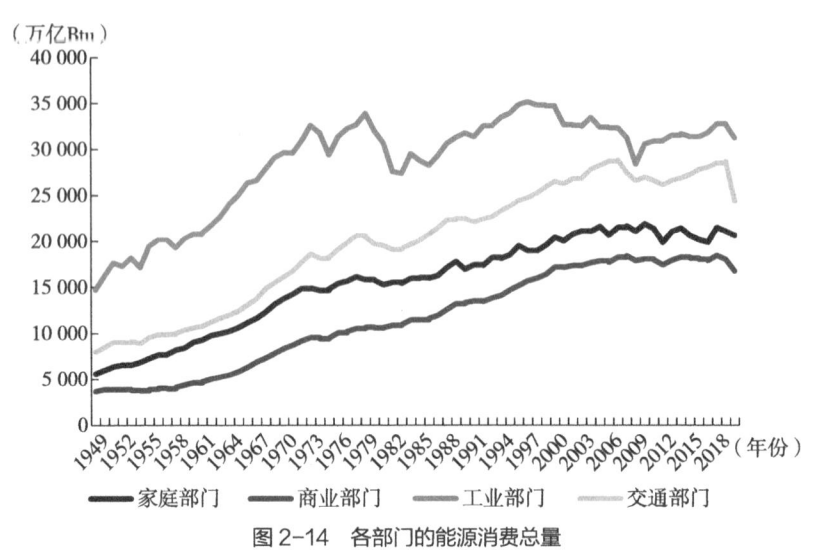

图 2-14 各部门的能源消费总量

数据来源：美国能源信息署。

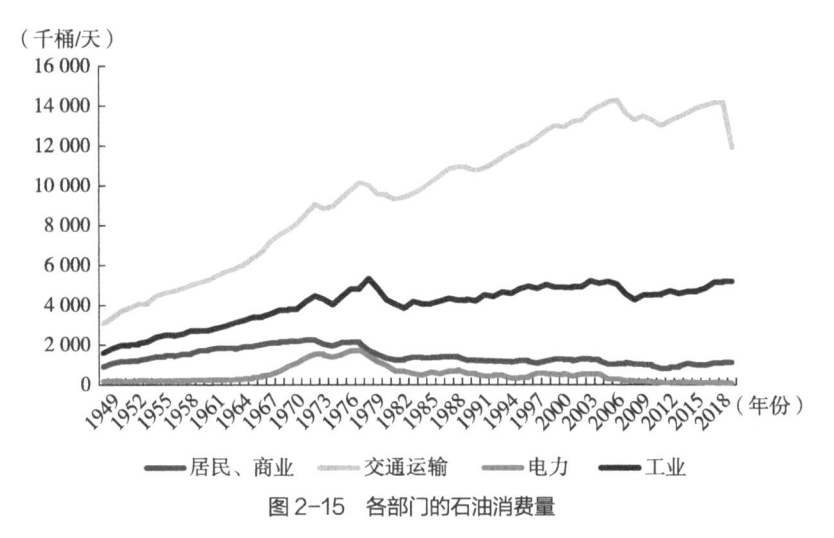

图 2-15 各部门的石油消费量

数据来源：美国能源信息署。

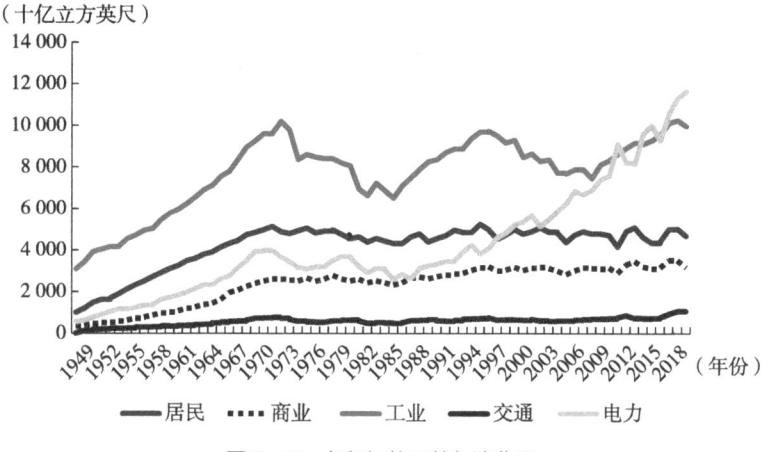

图 2-16 各部门的天然气消费量

数据来源：美国能源信息署。

煤炭。20 世纪 50 年代，美国大部分煤炭用于工业、家庭和交通部门；但到了 60 年代，主要用于电力生产（图 2-17）。2020 年，发电用煤消费量占比达到 91%。

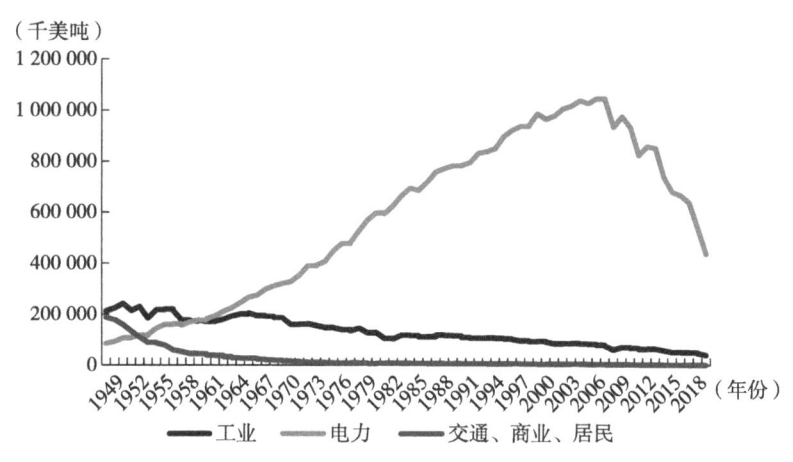

图 2-17 各部门的煤炭消费量

注：1 美吨约为 907 千克。
数据来源：美国能源信息署。

可再生能源。风能是美国可再生能源中的最大组成部分（图 2-18），2020 年占比达到 26%，其他依次是水力、生物燃料、木材、太阳能、垃圾和地热。美国可再生能源主要用于发电。自 1958 年以后，工业部门成为可再生能源的第二大消费主体（图 2-19），家庭部门第三，但到 2006 年家庭部门被交通部门超过。

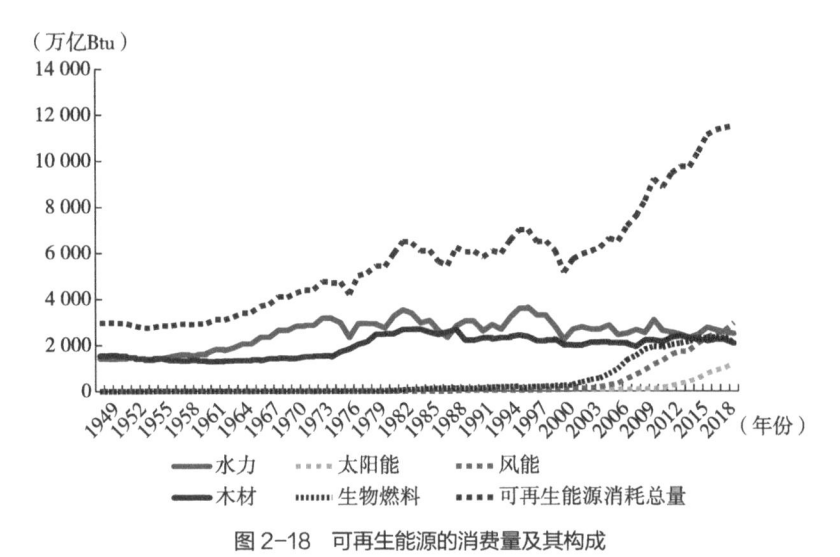

图 2-18 可再生能源的消费量及其构成

数据来源：美国能源信息署。

美国各种能源储量

最近 10 年，美国石油和天然气的已探明储量大幅上升（图 2-20）。截至 2020 年底，美国原油和凝析油的已探明储量超过 400 亿桶，天然气的已探明储量为 473.3 万亿立方英尺。

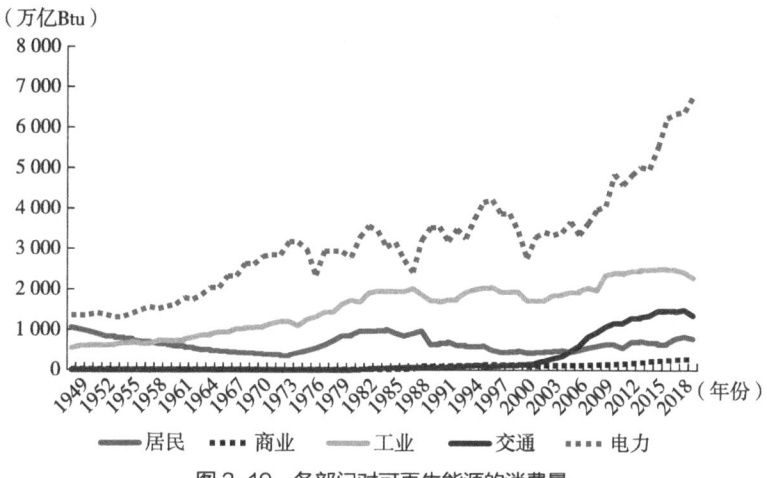

图 2-19 各部门对可再生能源的消费量

数据来源：美国能源信息署。

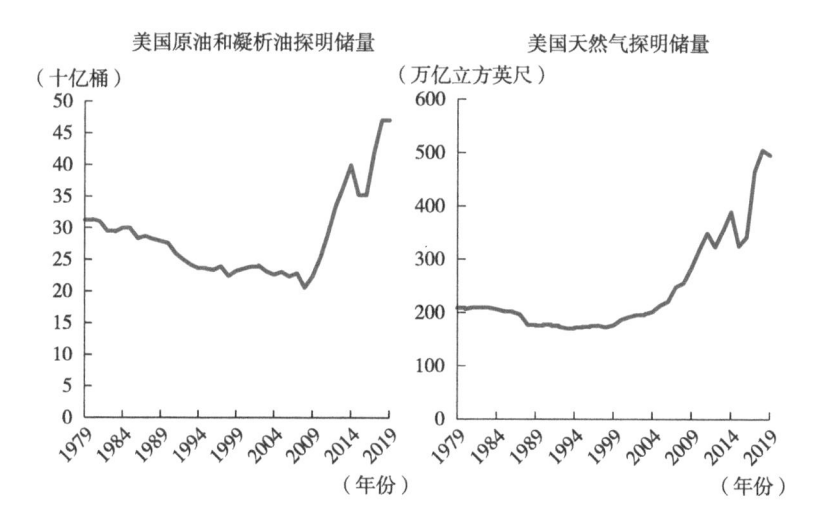

图 2-20 1979 年以来美国石油和天然气已探明储量变化

数据来源：美国能源信息署。

中国低碳转型如何应对能源结构约束

从中国能源结构及中外比较来看,有五个方面须着重关注。一是中国的主要能源还需要依靠进口,天然气和石油的对外依赖度很高,这与美国的情况不一样,在低碳转型中可能要将国家能源安全放到更加重要的位置;二是中国以煤为主的能源结构短期难以改变,而煤炭是碳排放量最高的一种能源,这增加了低碳转型的难度,要思考这种情况下如何顺利转型;三是中国清洁能源具有较大的潜力,但哪种能源应成为主攻方向,如何破解清洁能源发展瓶颈,这些都需要前瞻性考虑;四是中国传统能源与新能源的分布具有区域集中特点,需要协调区域平衡发展以及加强全国统筹规划;五是改革开放 40 余年以来,中国单位 GDP 能耗累计降幅超过 84%,近 10 年平均 GDP 增速高于能源消费增速 3.2 个百分点,但我国仍处于中高速增长阶段,能源消费还要继续增长,低碳转型必须考虑到这个长期趋势。

中国低碳转型的任务艰巨,必须有效应对能源结构约束。近年有研究机构进行了测算,我国非化石能源占一次能源消费比重在 2035 年、2050 年、2060 年分别达到约 40%、69%、81%,2035 年前后非化石能源总量超过煤炭;还有研究机构预测,我国到 2060 年 70% 的能源将由清洁电力供应,约 8% 的能源由绿氢支撑,剩余约 22% 的化石能源消费将通过碳捕捉的方式实现碳中和。无论何种估算,都说明中国能源结构要经历巨大转型。从"双碳目标"提出一年多的实践来看,各部门政策协调不够,出现了"运动式"减排现象,导致煤炭减产严重、火电发电亏损、多地拉闸限电,能源价格体系受到波及,对国民经济平稳运行产生影响。层层表象下，反映了低碳转型过程中应注意的一些问题，需要尽快做出相应调整。

一是加强顶层设计，全国一盘棋统筹协调推进，不搞"运动式"减排。当前，全社会对碳达峰、碳中和的总体目标已经达成共识，但对于具体减排任务、减排速度还不清晰。应尽早从国情出发，参照经济社会发展目标和能源结构现状，测算出在2030年达峰时的碳排放目标量以及到2060年实现碳中和的减排速度及减排路径。同时必须考虑到，我国发展过程中存在诸多不均衡，不同地区、不同行业、不同个体的开展条件有巨大差异，在减碳过程中所处的利弊情形不同，因此，必须加强全国的统筹协调，坚持"先立后破"，处理好发展和减排、当前和长远的关系，不搞"运动式"减排。

二是夯实能源供应保障兜底能力，为推动能源绿色低碳转型奠定基础。当前和未来一个时期，化石能源仍然是我国的主要能源，要着力增强国内煤炭煤电及原油天然气生产的兜底保障能力。针对我国以煤为主的能源禀赋，要提高对煤电的包容度，发挥煤电的支撑调节作用，统筹煤炭资源接续和矿区可持续发展，加快推进煤矿智能化建设与升级改造。针对我国2020年原油对外依存度已攀升至历史高位的状况，要大力提升油气勘探开发力度，加快油气先进开采技术的开发应用，推动页岩油规模化效益开发。

三是全面推进光伏、风力发电大规模开发，加快能源绿色低碳转型。近年来，光伏与风力发电正从辅助电源向主力电源过渡，对我国乃至全球能源结构影响巨大。经过多年快速发展，我国光伏与风力发电技术在全球处于较领先的位置。未来较长时期，光伏、风力发电行业要加强技术创新，优化产业链协同，加快建设负荷中心及周边地区分散式风电和分布式光伏，加快建设以沙漠、戈壁、荒漠地区为重点的大型风电光伏基地项目，积极推动屋顶光伏开发利用，鼓励建设海上风电基地。

四是前瞻性加快发展氢能技术，抢占全球氢能制高点。氢能清洁高效、可储能、可运输、应用场景丰富，在解决能源危机、环境污染等方面可发挥重要作用。根据国际能源署的预测，到2050年氢能或将占据全球能源消费比重的15%，而根据彭博新能源财经的预测，这一比例甚至高达22%。《中国氢能源及燃料电池产业白皮书2020》预测，在2060年碳中和情景下，氢能在我国终端能源消费中占比将达20%左右。目前氢能越来越受到各国的重视，美国、欧盟、韩国、日本在氢能发展方面走在世界前列，但尚未达到大规模商业化临界点。我国2022年制定出台了《氢能产业发展中长期规划（2021—2035年）》，仍然具有弯道超车的潜力。未来一个时期，我国氢能产业要按照国家制定的发展规划，准确把握氢能产业创新方向，统筹全国氢能产业布局，有序推进氢能基础设施建设，加快探索商业化路径。

五是因地制宜发展其他清洁能源，全方位推进能源结构转型。水电方面，坚持生态优先、统筹考虑、适度开发、确保底线，因地制宜推进水电基地建设，坚持实施小水电清理整改，推进绿色改造和现代化提升。核电方面，要在确保安全的前提下，积极有序地推动沿海核电项目建设，合理布局新增沿海核电项目，同时要加强核能发展应用新方向、新模式的探索和开拓，推动核能在清洁供暖、工业供热、海水淡化以及制氢等领域的综合利用。生物质能方面，要推进生物质能多元化利用，稳步发展城镇生活垃圾焚烧发电，有序发展农林生物质发电和沼气发电，因地制宜地发展生物质能清洁供暖。积极推进地热能供热制冷，在具备高温地热资源条件的地区有序开展地热能发电。

六是大力推动储能技术创新和运用，增强能源供应链弹性和韧性。由于风、光的不稳定性特点，风力光伏发电的消纳成为主要难点。抽水蓄能和新型储能是支撑新型电力系统的重要技术和基础装备，目前抽水蓄能在储能中占比超过90%，因此，要继续加快开发建设一批抽水蓄能电站。同时，坚持储能技术多元化，推动相对成熟的新型储能技术、长时储能技术商业化发展，加快钠离子电池、储氢等创新储能技术研究应用。要结合系统实际需求，大力推进电源侧储能项目建设，推动电网侧储能合理化布局，积极支持用户侧储能多元化发展。

七是抓住痛点，针对碳排放重点行业和领域有的放矢。我国工业、电力、建筑、交通等领域是碳排放大户，各行业要加快制定切实可行的减排方案，强化减排指标约束力度，加快先进节能减排技术推广，大力挖掘节能增效潜力。比如，我国作为最大的粗钢生产和消费国家，碳排放量占全球钢铁碳排放量的60%以上，约占我国碳排放量的15%，能源结构高碳化，煤、焦炭占能源投入近90%。钢铁行业要严守不新增产能底线，严控粗钢产能增长，同时加快低碳烧结、高炉喷煤、轧钢加热炉蓄热式燃烧等技术推广，进一步运用烧结余热回收利用、干式高炉炉顶余压余热发电等能量再利用技术进行节能减排。又如，建筑领域要优化能源消费结构，逐步提高电力、天然气等清洁能源使用比重，大力发展绿色建筑，强化建筑节能监督管理，同时推进建筑材料行业低碳技术推广应用，开发和挖掘技术性减排路径和空间。再如，交通运输领域要更多地使用节能低碳的运输方式，把一部分货运转到铁路、水运上去，把出行更多转到公共交通和轨道交通。同时，要加快现有交通设备的更新和技术改造，提升技术能效，大力推广采用电动、生物柴油、氢等新能源方式，促进交通装备低碳化。

八是发挥宏观政策的资源引导和调节作用。要发挥好我国的体制优势，集中资源办好低碳转型这件大事。充实完善财税支持政策，积极构建有力促进绿色低碳发展的财税政策体系，充分发挥财政在国家治理中的重要作用，引导和带动更多政策和社会资金支持绿色低碳发展，财政还要平衡好低碳转型中的各方利益，对受损较大的地区、行业和企业给予适当的扶持。要设立碳减排支持工具，通过向符合条件的金融机构提供低成本资金，支持金融机构为具有显著减排效应的重点项目提供优惠利率融资，提高货币政策精准滴灌的直达性。考虑到碳达峰、碳中和是一项长期任务，可将碳减排支持工具列为常态化的支持政策。

九是金融系统要围绕我国能源结构提供系统支持。在现有的能源结构约束下，我国必须加快可持续金融体系的建设。要充分发挥碳市场的金融属性，加快完善市场机制，包括明确总量设定、配额分配由免费逐步过渡到拍卖方式、推动金融机构广泛参与、形成能产生足够激励且相对稳定的碳价格、推动碳排放金融衍生品交易，形成能够稳定各方预期、引导资源流动、帮助管理风险的有效价格信号。绿色金融要转向高质量发展，吸引各类主体加入绿色低碳创新，鼓励开展绿色信贷、绿色债券、绿色基金、绿色融资租赁、绿色保险等绿色金融产品创新，扩大对清洁能源领域的支持力度。在以煤为主的能源结构下，要将发展转型金融放到更加重要的位置，这对于我国能源行业平稳转型与实现"30·60"总体目标至关重要。

此外，俄乌冲突的爆发将国家能源安全提升到了前所未有的高度，将深刻影响各国的能源转型路径，中国也要适时调整。中欧与美国在能源安全上面临的情况不同，美国在页岩气革命之后已经实现了能源独立，而欧洲的天然气消费有45%来自俄罗斯，中国的石油和天然气消费也很大程度上依赖进口。在俄乌冲突期间，欧洲多国面临严重通胀、增长衰退、居民生活水平下降等问题甚至出现政治对立，迫于能源价格高企与地缘政治不确定性，很多国家重启煤电，低碳转型出现倒退。中国在低碳转型中要平衡好能源安全，谨慎设计能源转型路径，在核能与清洁煤发展问题上要结合国情。以核能为例，欧洲多国目前选择重新拥抱核能，英国约翰逊表示必须在开发新的核电站方面下"新的大赌注"，法国总统马克龙表示将重新启动国内核反应堆建造，根据最新信息，欧盟立法机关已经扫除了将核能和天然气纳入绿色投资的障碍。相比化石能源，核能在安全性和环保性上具有优势，在能源开发和运行过程中造成的死亡人数约为煤炭的千分之一，碳排放量只有煤炭、石油等化石能源的 1/100~1/40。但是，推动核能发展也要解决一些瓶颈问题，例如成本较高、核废料处理等。

区域在低碳转型中发展不平衡问题的解决

能源结构约束还有另外一层含义。从地理分布来看，中国的能源分布有区域集中特点，这意味着，低碳转型会影响区域协调发展。其中典型的是西北地区。西北地区传统能源产业密集，而且在产业结构中占比大，面对低碳转型可能受到的冲击很大。西北地区作为中国传统能源基地，具有重要的战略地位，这个地位不能因为低碳转型而受较大影响；同时，西北地区也必须根据区位优势，推动新型能源、碳储存等产业发展，以优化地区的产业结构。解决这个问题，既要靠碳市场的价格信号，也要靠中央财政支持的转型资金。

西北地区在低碳转型背景下面临的现实困境

西北地区作为传统能源基地，产业结构相对单一，受低碳转型影响可能比较大。我国的经济发展和能源分布很不均衡，资源与地区经济的发达程度呈逆向分布。西北地区主要包括陕西、甘肃、青海、新疆和宁夏，富含煤炭、石油、天然气等矿产能源。其中，煤炭储量占全国的30%以上，主要集中于新疆、宁夏和陕西；石油储量占全国的20%以上，主要集中于陕西等省区；天然气储量占全国的50%以上，其中陕北位居前列。比较典型的是，新疆化石能源位居全国第一，但由于其地处偏远，输送成本高，丰富的能源储量没有得到充分开发。西北地区不少省区的经济结构中传统能源产业占比很高，2019年，陕西能源化工产业总产值突破1万亿元，占工业增加值的53.7%，约占全省GDP的20%。

西北地区最近几年经济发展缺乏新动能，地方GDP和财政状况较差，抵御外部风险冲击的能力不足。2020年，陕西、甘肃、青海、新疆和宁夏GDP分别只有26 182亿元、9 017亿元、

3 006亿元、3 921亿元、13 798亿元，其中，青海全国排名第30位；一般公共预算收入分别为2 257亿元、875亿元、298亿元、419亿元、1 477亿元，其中，宁夏、青海在全国排名分别为第29、30位；人均可支配收入分别为26 226元、20 335元、24 037元、25 735元、23 845元。西北地区各省区的三项数据处于全国中下游水平，发展相对落后。西北地区长期发展滞后有多方面原因，包括自然条件和地理环境、产业结构、交易成本和营商环境等。

在低碳转型背景下，西北地区面临的挑战非常大，既要维持全国能源基地的战略地位，又要不断推动优化地区产业结构，兼顾两方面有较大难度。但这个问题不处理好，会影响区域协调发展与国家能源安全，还可能成为低碳转型的掣肘。

西北地区在低碳转型背景下如何破局

鉴于西北地区能源产业在国家层面的战略意义，在低碳转型背景下需要考虑以适当的方式给予补贴，来确保国家能源安全。"西气东输"和"西电东输"项目现在对于东部地区和中部地区非常重要。截至2020年底，西北电网"西电东输"累计外送电量突破1万亿千瓦时，"西气东输"则承担着向华东、华北120多个大中型城市、约4亿人口及3 000余家企业供气的任务。这两个项目有利于西北地区将能源优势转化为经济优势，同时东中部地区的资源利用率比西北地区高，能源从西北地区输送到东中部地区可以产生更大的经济效益。但低碳转型会抬升化石能源的价格，抑制其需求，西北地区传统能源产业的营利性可能降低。

由于涉及国家基本安全问题，很难以完全市场化的态度来看待能源产业的优胜劣汰，因此可能需要给予政策上的补贴。当前一些地方财政面临困难，中央财政也有不少迫切的问题需要解决，如何出资非常关键。

西北地区发展新型能源产业潜力巨大，可将碳储存作为一个产业来发展。一是西北地区的可再生能源非常丰富。新疆风能理论蕴藏量居全国第二，太阳能理论蕴藏量居全国第二，水能资源理论蕴藏量居全国第四。相比资源储量，新疆可再生能源开发程度低。宁夏绝大部分地区的年日照时数大于3 000小时，具有利用太阳能的良好条件；甘肃的风能和太阳能发电量均在全国排名前五；青海省在可再生能源装机、发电量方面居全国前列，其中新能源装机达到1 229万千瓦，居全国第一。新能源的技术突破并不难，关键是要有激励信号。二是西北地区可发展碳储存产业。碳捕获与储存是将二氧化碳从与能源相关的来源中分离出来，运输到储藏地点并长期与空气分离储存的过程。主要储藏在天然的地下含水层中，如油气田、煤矿矿脉和含盐的承水地层中，利用天然的地质条件防止二氧化碳泄漏到大气中。比如，新疆很多中小油气田或煤矿开采完就废弃了，完全可用于碳储存。

此外，西北地区发展配套高载能行业优势明显。首先，中国是中亚区域内最大的能源需求方，但中亚能源运输到沿海主要能源消费区的成本较高。在西北地区建设高载能的配套产业，既可以发挥区位优势，充分利用中亚的能源资源，也有利于化解由"马六甲困境"带来的我国能源安全问题。其次，在西北地区建设高载能的配套产业，符合梯度发展战略，可以承载东部地区高载能产业的转移。再次，配套高载能的产业将带动本地相关产业的发展和就业的增加。最后，与经济发达地区相比，西北地区发展高载能产业的环境影响经济损失小，而且实施污染治理的边际成本更低。当然，在西北地区发展高载能产业需要整体规划，在布局高载能产业的同时，应加快当地电力建设和相关环境治理项目。

西北地区开发新型能源潜力需要基础设施的配套投资。一是发展新型能源需要配套发展煤电就地转化项目。发展清洁能源意味着对风能和太阳能将进一步充分利用，但风力发电并不稳定，对电网改造有较大需求。建设太阳能发电装置并大规模应用还需要在技术上有所突破，建设更多的火电站既有助于稳定电网，提高清洁能源的使用效率，也符合国家长远能源建设的需要。二是发展新型能源需要政策引导。无论是扩大利用太阳能还是风能，均需要在技术上有所突破，才能进一步降低成本，推广使用。我国的工艺和工程技术的能力比较强，扩大利用新能源的技术突破并不难，关键是要有配套政策引导。

低碳转型背景下，实现西北地区可持续发展的关键在于机制。一是需要政府的前期扶持。首先，要加快基础设施投资，尤其是电网建设。既要重点发展特高压直流输电线路，尽快实现"西电东送"，扩大电网覆盖面，又要发展智能电网，为新能源使用创造条件。其次，对新能源上网进行补贴。可再生能源发展的关键在于降低成本和规模化生产两个方面。相对于传统能源，新能源成本较高，要想很快发展起来，需要有政府的前期扶持。一旦有了市场规模，设备国产化必然随之而来，新能源的成本也会逐渐降低，大规模应用即成为可能。二是新型能源与碳储存产业的发展，归根结底要依靠碳价格信号的激励引导。西北地区可定位为全国低碳能源试验区，试点新能源、碳捕获和储存。相对于传统能源，新能源与碳储存前期投入较大，要很快发展起来，必须解决低碳技术的投资引导问题。此问题的解决关键要依靠碳市场的发展，碳的价格是低碳技术的市场价值，碳价上涨会增加私人投资，刺激低碳技术研发和市场化。只有完善国内碳市场并充分利用国际碳交易市场（包括清洁发展机制），新型能源和碳储存的投资才有收益，才能作为一个产业来发展。三是未来可将碳配额的拍卖收入用于补贴"西气东输"和"西电东输"等项目。欧美国家碳配额初次分配主要使用拍卖方式，可以形成公共资源，用于支持气候行动与能源的转型，国内很多专家和学者也呼吁有偿拍卖碳配额。一旦获取足够的拍卖收入，西北地区作为传统能源行业集中的区域，具有举足轻重的战略地位，就可将部分拍卖收入用于支持其低碳转型发展。四是继续深化电力体制改革。鼓励和支持有实力的民营企业参与电厂建设，兴建坑口电站、水电站，实行竞价上网。

第三章

发挥好碳金融市场的关键作用

减排机制是低碳转型的关键问题。对于中国的低碳转型，要充分认识到碳市场的关键作用，这关系到我国经济能否有效地实现平稳转型。在减排机制中，碳市场被广泛视为最优的选择，通过市场化手段形成有效的碳价格信号，进而引导各方有序高效地参与低碳转型。我国要高度重视碳市场建设工作，在前期已建立全国性碳市场的情况下，要加快完善市场机制，特别是要重视碳市场的金融属性，以更好地助力国家实现"30·60"目标。

碳市场对于低碳转型至关重要

碳市场是理论上的最优机制安排

碳排放是指《京都议定书》中的温室气体排放。《京都议定书》中规定的六种温室气体包括：二氧化碳、甲烷、氧化亚氮、氢氟碳化物、全氟碳化合物、六氟化硫。碳排放量是在企业的各生产环节中根据一系列对应的参数计算出来的，而不是在企业的烟囱上装探测设备测量出来的，这一套计算方法在国际上比较成熟，可以直接借鉴。

目前，全球减少碳排放的机制安排有以下几类思路。一类是行政化的任务分解，将任务摊派给各地方、各行业、各企业，方法简单、可控，早期的时候有不少人支持，我国现在也有一些支持者，但缺点是比较机械、效率不高、市场化理念不足，多数国家已经不再使用这种机制。另一类是依靠财税和金融手段来配置碳资源，主要是补贴、碳税和碳市场，这几种手段都有丰富的实践经验。严格来讲，碳税与碳市场同属价格调控，相对数量调控手段更加市场化。如果比较碳税与碳市场，碳税的税率由政府制定，碳市场的价格由市场主体博弈形成，价格的形成将更有效率；而且相比碳市场，碳税对低碳技术不能提供正向的激励。因此，在低碳转型中，碳市场应该发挥更加重要的作用，碳税与碳市场结合使用的话，碳税的税率也要参照碳市场的价格来制定。

碳市场在国际实践中应用最广泛

《京都议定书》于20世纪末提出了排放权交易的概念，带动全球碳市场不断发展。碳排放权交易源于排污权交易理论，在20世纪60年代由美国经济学家戴尔斯提出，美国国家环保局在治理大气污染源及河流污染源中有相关实践。1997年，《京都议定书》提出三个灵活的减排机制，其中包括碳排放权交易。此后，各国及地区纷纷探索建立碳市场，以实现减排目标。据世界银行统计，截至2020年，全球共有61项正在实施或计划实施的碳定价机制，其中包括31项碳排放权交易市场和30项碳税，碳市场的数量超过了碳税。由此可见，碳市场是目前全球应用最广泛的减排机制。

全球碳市场的类型包括区域性碳市场、国内碳市场，以及强制性碳市场、自愿性碳市场等，呈现出多层次特点。欧盟的碳市场是较早建立的区域性碳市场，主要在欧盟国家之间进行资源配置，目前覆盖了二三十个国家，制度比较完善。新西兰、美国等国家通过立法建立国内碳市场，在本国主体之间进行资源配置。这些都属于强制性碳市场，由政府组织及监管，履约具有强制性，是在"总量控制和配额交易机制"（Cap and Trade）下的碳排放权交易市场，是碳市场的基础组成部分，也是最普遍的碳市场类型。另外，在一些非政府组织和环保团体的推动下，还出现了自愿性的碳排放交易市场。比如，2003年启动的澳大利亚新南威尔士州温室气体减排体系。与强制性碳市场基于配额不同，自愿性碳市场一般基于抵消信用建立，抵消机制的交易产品是核证减排量，是配额市场的补充。《京都议定书》下的联合履约和清洁发展机制，都是基于抵消项目的交易市场。

碳市场可以较好地解决减排融资问题

解决减排融资问题至关重要，由于公共资金现在普遍比较拮据，因此，全球都在思考如何将更多的私人资金引入低碳发展领域。未来若干年，不论是低碳技术的发明创造、低碳设备的购买、工业流程的升级、建筑隔热的改善、新交通技术的引进，还是传统高碳行业的技术改造，都离不开巨额的资金支持。国际组织曾估算，全球2050年实现碳中和需要每年在能源转型上投资约3.5万亿美元；根据不同研究机构的测算结果，中国未来三四十年需要的低碳转型投资在百万亿元以上。减排融资分为公共资金和私人资金，现在各国内部面临的问题普遍比较多，财政状况都不太宽裕，真正能用于低碳转型的公共资金有限。面对资金缺口，将私人资金引入环境和气候领域势在必行。

碳市场的重要功能就是解决减排融资问题，而且是以一种长期可持续的方式。从碳市场的运作逻辑来看，在碳排放配额下，企业可以采用更先进的低排放设备或对现有设备进行改造，也可从碳排放配额富余的企业购买碳排放额。经过所有参与方的博弈，碳排放权价格集中体现了产出增长、排放配额和技术进步等多种因素的综合作用。在价格信号的引导下，企业自主选择主动减排或购买排放权配额。碳减排融资包括企业自己搞减排的融资问题，以及对低碳技术的融资问题。第一个问题通过碳配额交易就可以完成，出售者拿走这部分钱进行减排改造，少排放一些，购买者则花钱购买更多排放的权力。对低碳技术的融资问题，碳交易的价格对于投资者就是低碳技术的市场价值，会促使私人增加投资，刺激低碳技术研发和市场化，包括新能源、碳捕获和碳沉降、煤的清洁燃烧技术等。通过碳配额交易这样的市场化手段，使资源重新进行配置，解决了减排融资问题。从全局来看，通过碳配额交易融资应是低碳融资的主渠道，能大大减轻财政税收补贴的压力，事实上，相对于财政补贴这种不可持续方式，碳配额交易是一种商业可持续方式。

碳排放交易体系的关键要素

作为一个政策规制体系，碳排放交易体系主要包含以下关键要素：一是覆盖范围，包括控制排放的温室气体种类、地理范围、行业范围及控排主体门槛；二是总量设定，根据覆盖范围内的历史排放情况及总体减排目标确定未来一定时段的排放总量；三是配额分配，目前国际市场上常见的配额分配方法包含免费分配和拍卖，免费分配方法分为祖父法[①]和基准法[②]，拍卖即有偿购买碳配额；四是抵消机制，允许采用特定的自愿减排项目产生的减排量抵消控排主体的部分排放，以减轻控排主体的履约成本，同时鼓励自愿减排，具体包括项目类型、范围及抵消比例等；五是履约监督，为了保证配额分配公平、项目减排量真实及履约严肃性，必须对控排主体的排放情况及自愿项目的减排情况进行严格的监测、报告与核证（MRV），并对违反报告及履约义务的控排主体给予处罚。

国际上碳市场的建设经验

欧盟碳排放交易体系

欧盟碳排放交易体系（EU-ETS）于2005年1月1日正式开始运作，是最早建立、机制最健全的碳市场，覆盖了27个欧盟成员国以及挪威、冰岛和列支敦士登3个非欧盟国家。从发展阶段来看，可分为第一阶段试验时期（2005—2007年底）、第二阶段改革时期（2008—2012年底）、第三阶段（2013—2020年）、第四阶段（2021—2030年）。过去十多年，EU-ETS覆盖国家、行业和温室气体种类逐步增加，一级市场上配额拍卖分配的

---

① 指企业根据其在指定期间的历史排放量获取免费配额。
② 指企业根据一系列基于产品或行业排放强度的绩效标准来确定其获得的免费配额数量。

比例逐渐提高，二级市场交易趋于活跃，市场价格稳定机制不断成熟。

一级市场

配额总量的递减速度不断加快，政策设置趋严。在前两个阶段，配额总量的确定是自下而上由成员国提出总量控制目标，制订国家分配计划，上报欧盟委员会审查，其中需列出本国涵盖的目标企业名单以及本国的减排目标，然后碳配额会分配给各个行业和各个企业。从第三阶段开始，由欧盟统一制定碳排放配额总量，按一定比例把配额数量分配给各成员国，各国为本国纳入排放交易体系的主体分配排放配额。通过设置配额总量上限并按照一定速度逐年递减，达到既定的减排承诺。进入第四阶段，欧盟进一步下调配额总量上限的下降速度至每年下降 2.2%，同时取消了抵消机制，进一步减少了碳配额数量。

一级市场由免费分配过渡至拍卖分配为主导。早期 EU-ETS 免费发放大部分配额，后期逐渐变为以拍卖为主。第一阶段，接近 100% 的排放配额免费分配给控排企业；第二阶段，免费分配的比例下降到 90%，德国和英国尝试拍卖碳排放配额，拍卖的份额大约占 4%；从第三阶段开始，拍卖开始成为配额分配的主流方式，初期配额拍卖比例超过 40%，2020 年拍卖比例提高至 75%[1]，目前仅有制造业仍可免费获得配额[2]。欧盟每个成员国设有负责登记配额分配情况的机构（National Registry），负责记录

---

① Bourse Consult Report for the City of London Corporation（2010），The Post-Trade infrastructure for Carbon Emissions Trading.
② 制造业 80% 的配额免费发放，该百分比 2020 年降至 30%。

实际配额与配额交易情况,包括账户持有人信息、账户结余、转账等信息,每个排放企业均有配额登记账户。

欧盟针对配额拍卖进行立法,对拍卖流程进行管理。拍卖立法方面,2010年欧盟委员会颁布《拍卖条例》,为欧盟碳配额拍卖建立了管理框架,以确保拍卖过程的公开、透明、统一和非歧视性。只要符合相关的准入要求,信贷机构、投资公司、基金、无合规要求的商品交易公司等都可以参与拍卖。拍卖比例方面,配额拍卖比例由每个成员国自行决定,欧盟规定至少50%的拍卖收入要用于支持气候行动;拍卖平台方面,欧盟有两个共同拍卖平台,欧洲能源交易所为大部分EU-ETS国家提供拍卖服务,拍卖按照固定日历进行,另一个拍卖平台是洲际交易所,成员国有权退出共同拍卖平台并通过本国认证的拍卖平台[①]进行拍卖;拍卖收入使用方面,2012年至2020年6月30日,拍卖总收入超过570亿欧元,仅在2019年,产生的收入就超过140亿欧元,主要用于为受碳价影响的弱势群体提供财政支持、为气候行动计划提供资金、充实公共预算等多个领域。

为解决碳价偏低问题、产生足够的减排激励,欧盟碳市场建立了价格稳定机制。金融危机期间,工商业活动的减少导致碳配额需求减少,EU-ETS出现配额过剩的情况,导致碳价持续下降,企业减排动力下降。第二阶段结束时,近20亿吨的过剩配额转入第三阶段,配额的平均价格一直处在4~8欧元,交易量也在下降通道。为应对配额供过于求的情况,短期内欧盟将一定数量的

---

① 德国委任欧洲能源交易所作为自己的拍卖平台。英国委任洲际交易所(ICE)作为自己的拍卖平台。波兰与欧洲能源交易所签约,让其作为共同拍卖平台,代表波兰拍卖。

配额拍卖推迟。为进一步增强碳排放交易体系的韧性，2019年1月，EU-ETS开始运行市场稳定储备机制（MSR），在2023年以前，每年减少24%的超额碳排放配额，在此之后降幅将收窄为每年12%。MSR不是根据价格波动而是根据流通的配额数量来决定向市场增加或收回配额。每年5月15日，欧盟公布上一年度流通中的碳配额，按此数量决定是否将配额放入储备以及将多少配额放入储备，或者需要从储备中释放配额。在执行市场稳定储备机制后，2019年底，欧盟碳市场的配额过剩量明显下降，价格明显回升。

二级市场

欧盟碳市场的参与主体多元化，金融机构是重要的参与方。欧盟碳市场的参与主体不仅包括企业，还有众多的商业银行、投资银行等金融机构，以及政府主导的碳基金、私募股权基金等各种投资者。市场利益驱动着各类参与主体进入，全社会资本都来支持碳市场发展。一方面，交易主体多元化增加了欧盟碳市场的资金规模，提供了良好的市场流动性，交易活跃度明显提升；另一方面，更多主体参与也能激励碳金融产品的设计和碳金融服务的发展。一些金融机构设立了专项碳基金，一些金融机构开拓了碳中介业务，提供融资担保、购碳代理、碳交易咨询等服务。

欧盟碳市场有多个交易平台。欧盟碳市场实行分散化交易，有欧洲能源交易所（EEX）、欧洲气候交易所（ECX）、北欧电力交易所（Nord Pool）、绿色交易所（GreenX）、Climex交易所等多个交易平台。交易所在职能上有所差异。欧洲气候交易所是全球最活跃的碳期货交易市场，是交易规模最大的碳交易所，既有现货交易又有期货交易，交易结算由洲际交易所负责。欧洲能源交易所成立于2002年，目前是欧洲最大的碳现货交易平台和拍卖平台，所有碳现货都通过欧洲商品清算中心清算，碳衍生品通过欧洲期货交易所清算公司或欧洲商品清算中心清算。北欧电力交易所是全球最大的能源衍生品交易所，致力于电力减排。绿色交易所是全球品种最齐全的碳交易平台，覆盖欧洲和北美地区。Climex交易所以自愿减排量交易为主。交易平台之间可以互相连接，碳配额也可以在平台之间自由流动与转让。

欧盟碳市场同步推出现货和期货交易，碳配额交易量占全球大多数，配额衍生品交易活跃。一级市场碳配额初次分配后，则由买家和卖家组成的二级市场在价格发现、风险对冲等方面发挥不可或缺的作用。2005年4月，欧盟碳排放权交易体系在推出现货的同时就推出了期货、期权产品等衍生品（部分期货品种更早）。与现货相比，碳金融衍生品可以充分发挥价格发现的功能，为碳现货初次定价提供依据，还可以提高市场流动性。此后，碳期货交易量始终保持快速增长势头，也远远大于现货交易量，成为欧盟碳市场的主流交易产品，欧盟碳排放交易市场成为全球最大的碳排放交易市场。2020年，EU-ETS碳配额交易量达84.50亿吨二氧化碳，占全球碳配额交易量的90%，交易额超过2 000亿欧元（表3-1）。2021年二季度，EUA（欧盟排放配额）期货和期权交易量总计约为360万手，其中，EUA期货交易量约为250万手，EUA期权交易量约为110万手，但与石油和天然气市场相比，碳配额衍生品交易规模依然较小。

表 3-1　2017—2020 年欧盟碳市场细分情况

	2017年		2018年		2019年		2020年	
	数量（亿吨）	价值（亿欧元）	数量（亿吨）	价值（亿欧元）	数量（亿吨）	价值（亿欧元）	数量（亿吨）	价值（亿欧元）
被拍卖的EUA	9.34	53.66	9.16	140.90	5.89	145.03	7.79	191.57
市场交易的EUA	38.30	233.28	59.77	1 023.97	58.23	1 457.70	73.14	1 816.27
EUA的交易平台	3.52	21.85	8.45	137.40	3.60	91.28	3.46	90.22
航空运输业的EUA	0.05	0.34	0.06	1.04	0.06	1.37	0.08	1.79
市场交易的CERs（经核证的减排量）	0.07	0.02	0.07	0.02	0.03	0.01	0.03	0.01
总计	51.28	309.15	77.51	1 303.33	67.81	1 695.39	84.50	2 099.86

数据来源：Refinitiv。

金融监管部门参与碳市场管理。碳市场具有典型的金融属性，本质上是金融市场。与普通大宗商品市场有所不同，碳市场不仅能满足当期余缺调剂的交易需求，更重要的是能基于碳价格信号进行投资的跨期引导、风险的跨期管理，这是普通大宗商品价格信号所不能比拟的。从实践来看，欧洲对碳衍生品的金融属性没有争议。在碳现货方面，《金融工具市场指令》已将碳排放权列为金融工具。这意味着，碳现货的二级交易也要满足透明度、投资者保护等一般的金融规则。此外，《市场滥用规则》等均适用于碳配额现货及衍生品交易，该法规对应的监管机构几乎都是金融管理部门。更合适的管理框架为欧盟成熟、透明、活跃的碳市场提供了必要的制度基础，确保了欧盟碳市场的稳定性和完整性，对市场的健康发展发挥着重要作用。

2020 年底欧盟碳价上行因素分析

EU-ETS 启动后，由于 2008 年全球金融危机，企业碳排放需求减少、配额过剩，市场价格一度长期低迷。为进一步增强碳排放交易体系的韧性，欧盟于 2019 年开始运行市场稳定储备机制，根据流通的配额数量来决定向市场增加或回收配额，有效地稳定了市场价格。2020 年四季度以来，全球经济复苏趋势明显，股票、大宗商品等资产价格稳步上涨。2020 年 11 月以来，欧盟碳配额期货价格从 24 欧元/吨二氧化碳一路上涨至 90 欧元/吨二氧化碳。作为全球规模最大、流动性最强的碳市场，EU-ETS 的碳价上涨引发了广泛关注。

据市场分析，本轮欧盟碳价上涨主要受供需和交易两方面因素影响。供给方面，2020 年 EU-ETS 决定在第四阶段继续将欧洲能源交易所作为配额拍卖平台，该机构需要重新同德国、波兰及其他成员国签订协议，导致部分配额拍卖延期，可出售配额减少；同时，欧盟在 2020 年 12 月同意加快减排速度，到 2030 年温室气体排放水平比 1990 年降低至少 55%，而此前设定的目标是 40%。排放总量控制将逐渐削减配额总量，带动碳价上涨。需求方面，控排企业预计碳价上涨而提前买入 2021 年配额做风险对冲，进一步增加对配额的需求；同时，异常寒冷的天气增加了居民和企业的供暖需求，增加了排放量。

此外，以对冲基金为代表的金融机构增加投机头寸，也成为驱动本轮碳价上涨的重要因素。自 2020 年 11 月以来，多头头寸已经翻了一番，当前超过 230 家投资基金持有配额期货头寸，较 2019 年的 140 家增加了约 2/3。根据洲际交易所的报告，在 2021

午1月29日至2月5日的一周时间内,投资基金、银行经纪、养老金、保险公司等金融机构的净头寸合计增加了2 130万吨,其中,投资基金净头寸增加了1 480万吨,而排放企业的净头寸则减少了1 880万吨。投资基金净头寸与EUA价格呈显著正相关,这成为这一阶段价格波动的驱动原因之一。

美国碳排放交易体系

美国一直在筹划建立全国性碳排放交易体系,但由于两党分歧较大,至今仍未形成国家层面的碳排放交易体系。但在州层面形成了具有代表性且影响力较高的地区碳排放交易体系,包括加利福尼亚州牵头成立的碳排放交易体系,之后多个州及加拿大魁北克省加入,以及康涅狄格、特拉华、缅因、马里兰、马萨诸塞、新罕布什尔、新泽西、纽约、罗德岛和佛蒙特等州在2009年自发成立的地区温室气体倡议(RGGI)。2018—2020年美国碳市场细分情况见表3-2。

表3-2 2018—2020年美国碳市场细分情况

	2018年		2019年		2020年	
	数量 (亿吨)	价值 (亿欧元)	数量 (亿吨)	价值 (亿欧元)	数量 (亿吨)	价值 (亿欧元)
加利福尼亚州碳市场	8.87	117.63	13.80	207.38	17.39	243.33
RGGI	2.39	11.07	2.93	16.27	2.70	16.95
总计	11.26	128.70	16.73	223.65	20.09	260.28

数据来源:Refinitiv。

一级市场

加利福尼亚州的碳市场将拍卖作为配额分配的一般规则。免费分配主要用于第一阶段，拍卖配额在整个履约期间逐渐增加。现在，加利福尼亚州的碳市场将拍卖作为配额分配的一般规则，同时规定了例外情形：为配额价格储备保留的配额、在履约阶段之前保留给予拍卖的配额、分配给公共事业机构的配额、具有碳泄漏风险的产业。拍卖底价（ARP）机制为配额拍卖设定底价。即预先设定一个拍卖保留价格，低于或者等于该保留价格的配额无法拍卖成功，没有拍卖成功的配额将被放入特定的配额价格储备保留账户。拍卖底价机制并不调整二级市场上的配额价格，只是当需求低于某个水平时，对额外排放配额的拍卖价格进行限制。

RGGI主要通过拍卖形式分配配额。RGGI是美国首个强制性的碳排放交易体系，是世界上首个主要通过拍卖形式分配配额的碳排放交易体系，几乎全部配额均以拍卖形式进行分配。拍卖机制方面，RGGI配额拍卖一律采取统一价格、单轮密封投标和公开拍卖的形式，季度拍卖配额总量由各成员州提交各自持有的配额组成。在参拍主体上，RGGI配额拍卖市场向所有具备相关资格的主体开放，包括但不限于公司、个人、非营利机构、环保组织、经纪人和其他参与者，对外国公司参与配额竞拍也无特殊限制。为保证拍卖市场公平，RGGI规定任何单个主体在一次拍卖上竞拍的数量不能超过该次拍卖总量的25%。各成员州制定了参与配额拍卖的合规审查程序，投标人需要在RGGI开发的配额跟踪系统中注册账户，提交资质申请、投标申请书及金融安全保证书，投标主体的资格申请经过所有成员州的批准后方可参与竞拍。拍卖平台方面，RGGI 配额拍卖在 World Energy Solutions 公司的拍卖平台上进行。拍卖结算方面，RGGI 公司通过纽约梅隆银行提供结算服务，代表各成员州执行配额转让的程序。

二级市场

美国 RGGI 碳排放交易体系中，期货交易早于现货交易出现。RGGI 现货交易于 2009 年 1 月 1 日启动，而芝加哥气候交易所下属的芝加哥气候期货交易所在 2008 年 8 月已开始 RGGI 的期货交易。期货先于现货推出，不仅能为排放企业和参与交易的金融机构提供风险控制的工具，降低碳市场设立之初的冲击，更重要的是，期货的价格发现功能为碳现货初次定价提供了重要的依据，降低了不必要的价格风险。

自愿性碳市场 / 碳抵消市场

自愿性碳市场（碳抵消市场）是强制性碳市场（碳配额市场）的补充，这两个市场的差别在于，前者的交易双方不是出于强制性的履约需要，而是基于自愿的原则。自愿性碳市场的概念起源于美国，时间上并不晚，但就帮助各国实现低碳转型目标而言，强制性碳市场无疑更加关键，成为各国碳市场的主要部分，而自愿性碳市场占比很小，本章之前的介绍也主要围绕强制性碳市场。但随着《巴黎协定》碳中和目标的提出，微软等众多国际知名大公司积极履行社会责任，主动制定自身的碳中和目标，并自愿购买碳抵消信用，自愿性碳市场规模开始快速增长。根据联合国统计，截至 2021 年末，共有 3 067 家企业、622 所大学提出碳中和目标；2021年，全球独立自愿性碳市场签发量增长了40%，成交量增长了90%。与此同时，国际社会逐渐重视自愿性碳市场的发展。由联合国气候行动和金融特使、渣打银行首席执行官、国际金融协会首席执行官联合担任主席的国际自愿碳市场规模扩大工作组（TSVCM）在2020年成立，其目标是致力于建立一个统一的、高质量的自愿性碳市场；同时，国际航空碳抵消和减排机制（CORSIA）建立，要求从2021年开始，国际航空的超标排放部分要购买碳抵消信用。

强制性碳市场的交易标的是碳配额，自愿性碳市场没有总量目标下分解的碳配额，其交易标的是碳抵消信用，碳抵消信用一般来自新能源等可以实现额外减排的项目，或者碳汇、碳移除等能吸收或移除碳排放的项目。从碳抵消市场的特点来看，其有三方面的好处：一是大部分碳市场把配额市场与抵消市场连接起来，使之更加有机统一，比如，在配额市场允许使用一定比例的抵消信用，这可以帮助配额市场的控排企业降低履约成本；二是自愿性碳市场的建立，为非控排企业实现自身的碳中和目标、积极履行社会责任提供了路径，进一步有助于国家整体减排目标的实现；三是碳抵消信用主要来自新能源、碳汇、碳移除等项目，可以帮助低碳技术领域获取更多的资金支持。

碳抵消信用需要核查认证才能形成并交易，以及后续用作其他主体碳排放的抵消。按管理方式来看，目前碳抵消机制分为国际性碳抵消机制、独立碳抵消机制、国家和地方碳抵消机制三类。国际性碳抵消机制包括《京都议定书》中的联合履约机制（JI）和清洁发展机制（CDM）。独立碳抵消机制指不受任何国家法规或国际条约约束的机制，由私人和独立的第三方组织（通常是非政府组织）管理，包括美国碳注册处（ACR）、《清洁空气法案》（CAR）、黄金标准（GS）和自愿碳减排核证（VCS）。区域、国家和地方碳抵消机制由各自辖区内立法机构管辖，通常由区域、国家或地方各级政府进行管理，截至目前主要有20个区域、国家和地方碳抵消机制，包括国家核证自愿减排量（CCER）、澳大利亚减排基金（AERF）等。

CDM是碳抵消机制的典型代表。根据CDM机制，发达国家可购买发展中国家的减排项目，以抵减本国的减排指标，在"总量控制和配额交易"基础上实现减排目标的灵活安排，降低国家和企业的履约成本。CDM项目必须遵循严格的注册签发流程，包括设计—审定—注册—检测—核查—签发CERs，以确保真实、可衡量、可核查的减排（图3-1）。在这个过程中，第三方机构（指定经营实体）在审定和核查两个环节开展认证与核查。第三方机构通常有非常严格的准入标准，要成为CDM的指定经营实体，必须符合相应的条件并经过CDM执行董事会的认证，最终由《联合国气候变化框架公约》的缔约方会议指定。第三方机构需要采用指定的方法进行减排量计算、排放量监测，并采用专业的方法进行监督审核。

CDM项目市场起初几年发展迅速，近几年市场需求逐渐减少，但仍为其他抵消机制提供了宝贵经验。自2001年首个CDM项目出现，2008—2012年CDM项目快速发展。根据联合国数据，2001—2018年，111个国家超过8 000个项目累计减排量约20亿吨二氧化碳当量，带来3 040亿美元的资金投资于气候和可持续发展项目。随后，CDM项目需求减少，主要原因在于：一是欧盟作为全球碳市场主力军，受金融危机影响，其企业生产活

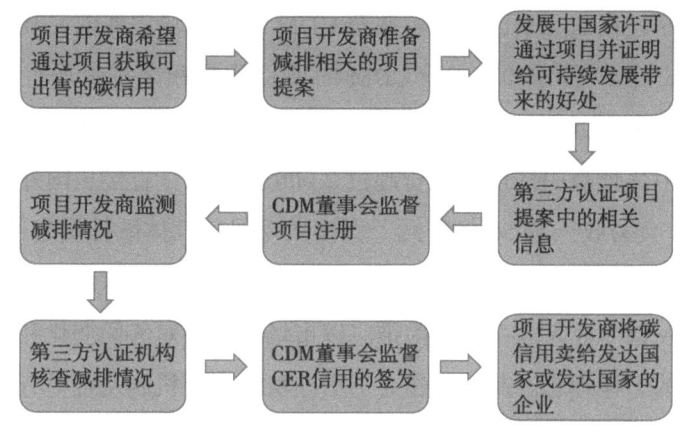

图 3-1 CDM 机制流程示意图

资料来源：根据公开资料整理。

动显著减少，温室气体排放量大幅降低，因此无须额外购买 CERs 冲抵减排义务；二是发达国家对发展中大国的支持意愿降低，对 CDM 的卖方主要集中在中国、印度、巴西等国家的现状不满，设置种种政策障碍，减少通过 CDM 提供资金支持。此外，作为基于项目的机制，CDM 没有实现技术转移的目标，不能发掘交通、基础设施等碳密集但较分散的部门的减排潜力等缺点也被诟病。总体而言，CDM 在增强全球减排意识、调动私营部门资源、实现减排量方面发挥了重要作用，其完整的注册、核查、签发机制为其他国家类似的机制提供了宝贵的经验。

CDM 为中国低碳转型做出了积极的贡献。2004 年，中国批准了第一个 CDM 项目，北京安定填埋场填埋气收集利用项目向发展改革委报审后拿到了 001 号的 CDM 批准证书。2011 年左右，由于全球经济萧条、市场与环境成本矛盾突出、后京都时代减排责任未能落实、各国内部政策加强等多种原因，CDM 市场持续萎缩，目前几乎已停滞。截至 CDM 项目市场停滞前，我国共批准 CDM 项目 5 074 个，CDM 的项目数量和减排量居世界第一，对中国低碳转型产生了积极的意义。CDM 项目开发和实施过程中累计吸引国内外投资超过 2 000 亿美元，直接从国外获得 CERs 交易收入约 50 亿美元，直接实现温室气体减排量超过 8.5 亿吨二氧化碳当量。同时，也引进了先进的低碳技术和设备，培养了一批专业人才，在国内推广以市场手段应对气候变化和节能减排的工作理念。此外，建立了中国清洁发展机制基金，有力地支持了国家应对气候变化工作。

中国如何建设有效的碳市场

中国碳市场的发展

中国碳市场从地方试点开始起步，现在已经建立了全国统一的碳市场。2011 年 10 月，发展改革委发布《关于开展碳排放权交易试点工作的通知》，提出开展碳排放权交易地方试点。自 2013 年起，我国先后在北京、上海、天津、重庆、湖北、广东、深圳、福建等省市开展了碳排放权交易试点。截至 2021 年 6 月，试点地方碳市场覆盖钢铁、电力、水泥等 20 多个行业，涉及近 3 000 家重点排放单位。2021 年 7 月 16 日，全国统一的碳市场正式建立，初期仅纳入发电行业就已是全球配额规模最大的碳市场。全国性碳市场的建立，有利于统一碳价、丰富参与者、提升交易活跃度，从而更好地发挥资源配置的作用。

虽然中国碳市场的配额量已跃居世界首位，但定价效率与碳价影响力还要继续提高。一是碳价不高。全国性碳市场运行至今，碳价一直稳定在每吨50~60元人民币（从价格波动来看，除全国性碳市场上线初期引发短期的价格波动外，只在履约季市场价格明显抬升，其余时间价格波动很小），欧盟现在的碳价在八九十欧元的水平，两者有较大的差距。世界银行做过研究，要实现全球低碳发展目标，碳价应达到40~80美元。没有稳定上涨的碳价，对市场主体的减排激励难以实现。二是交易活跃度不足。2020年，全球正在运行的碳市场配额总量约48亿吨，其中欧盟碳市场配额量为18亿吨（约占全球的38%），中国8个地方试点市场的配额合计14.25亿吨。2021年，随着中国全国性碳市场的建立，全球碳市场配额总量预计超过75亿吨，中国碳市场配额量居世界首位。但从交易量看，2013—2021年中国试点地区碳市场累计配额交易量9.6亿吨，年均配额交易量是配额总量的10%；而2020年，欧盟碳市场的交易量为84.50亿吨，占全球的90%，配额交易量是配额总量的4.7倍（表3-3）。从全国性碳市场运行至今一周年的表现来看，约80%的交易发生在履约期最后一个月，一年来的合计成交量不到2亿吨，不到欧盟碳市场2020年交易量的1/40。三是碳价尚未形成广泛影响力。有效的碳价可为全体投资者提供资产配置与风险管理的价格信号。但目前来看，碳市场主要发挥配额调剂功能，金融定价和风险管理方面的功能尚未完全发挥，对整个金融定价影响较小，较少进入各类金融机构的投资决策与风险管理框架，整体市场影响力还不够。

表3-3　2018—2020年全球碳市场交易规模

	2018年 数量（亿吨）	2018年 价值（亿欧元）	2019年 数量（亿吨）	2019年 价值（亿欧元）	2020年 数量（亿吨）	2020年 价值（亿欧元）
欧盟	77.54	1 297.36	67.77	1 689.66	84.50	2 099.86
北美	11.26	128.71	16.73	223.65	20.10	260.28
韩国	0.51	8.09	0.38	7.44	0.44	8.70
中国	1.03	1.94	1.30	2.49	1.34	2.57
新西兰	0.23	2.99	0.30	4.33	0.30	5.16
总计	90.57	1 439.09	86.48	1 927.57	106.68	2 376.57

资料来源：Refinitiv。

全国性碳市场亟须完善机制

第一，要尽快明确总量设定。从理论与国际实践来看，没有总量设定，就无法形成有效碳价。比如，欧盟碳市场在金融危机后的碳价一度非常低，客观上与"挤牙膏式"的总量确定有关。再比如，有的国家建立了没有总量限制的自愿性碳市场，市场参与者不能形成稳定的预期，碳价始终无法提供充足的激励。我国需要基于覆盖范围内的历史排放情况与总体减排目标，尽快确定未来一定时段的碳排放总量。但由于数据基础还不扎实，各方计算的2030年达峰时的碳排放量有较大差异，加之减排路径还不确定，因此，未来需要加强顶层设计与部门协调。

第二，进一步扩大全国性碳市场覆盖行业范围。全国性碳市场现在只覆盖了电力企业，电力企业中也只有煤电企业，钢铁、化工、造纸、航空等高排放行业没有纳入。相比之下，美欧碳市场目前已经覆盖了主要的高排放行业。我国要尽快扩大行业覆盖范围，更好地发挥市场机制在控制温室气体排放、引导气候投融资等方面的重要作用。

第三，设立价格稳定机制。对于碳市场，经济周期、技术发展、抵消机制等会让市场供求关系出现很大波动，因此价格稳定机制非常重要。这既有助于形成碳价稳定上涨的预期，促进减排，还有助于稳定产业链定价，避免冲击相关方的生产经营以及宏观管理部门的通胀治理。欧美碳市场大多建立了价格稳定机制，有的设置价格上限或价格下限，如最低拍卖价、高低价限制；有的设置了配额流通量调节机制，进行配额投放或回收。目前，中国的碳价保持在较稳定的低位，未来随着碳总量目标的确定，碳价波动会加大，当前有必要提前考虑建立价格稳定机制。

第四，要完善配额的分配。配额分配方式决定了配额的稀缺性，这是价格形成的第一步。从目前已运行的碳排放交易体系来看，拍卖是配额分配的主流方法。全国性碳市场仍在起步阶段，采用免费分配方法有一定的合理性，但随着碳市场的发展，应逐步增加配额拍卖比例。从免费分配到拍卖分配是一个渐进的过程，一开始可考虑将需要扶持的、可能产生碳泄漏的、关系国计民生的行业或企业予以排除，后期逐渐减少排除的范围，直至完全适用拍卖。拍卖分配另一个重要的功能是形成支持低碳发展的公共资源。欧盟成员国、英国和欧洲经济区国家将大部分拍卖收入用于支持气候行动和能源转型，而不是作为一般财政支出。中国为了低碳发展平稳转型，也要帮助高碳地区、行业应对冲击，用拍卖收入来支持部分地区和行业的转型是可以考虑的方向。当前来看，我国的碳配额是各省根据火电机组规模和能耗强度确定的。可以预见，随着GDP的增长，未来几年碳配额肯定还将有所增长。但分发过多的免费碳配额，不利于形成良好的减排激励。可以考虑从现在开始，在当前基础上增加的配额部分不再免费，也可以逐步压减免费的配额量，同步增加有偿拍卖的配额量，确保免费配额数量不增加，以此提升减排激励。

第五，要按照金融规律来发展碳市场。应按照金融规律发展碳市场，包括参与者、基础设施、衍生品以及相应的市场管理等方面。在参与者方面，尽管全国性碳市场规定符合条件的机构和个人可以参加，但目前只有排放企业能参与，符合条件的金融机构还未真正参与。没有金融机构的参与，碳市场在价格发现、预期引导、风险管理等方面的作用将大打折扣，要借鉴国外碳市场的发展经验，尽快允许金融机构等各类主体参与。在基础设施建设方面，应依托现行金融市场基础设施体系，以市场化、专业化方式完善全国性碳市场的交易托管结算等各个环节，提高碳市场的运行效率与安全性。在碳衍生品发展方面，欧美碳市场要么同步推出现货和期货交易，要么期货先于现货推出，而且期货的交易量远远大于现货交易量，相比之下，我国碳衍生品的发展还比较滞后。在市场管理与规则制定方面，目前刚公布的《期货与衍生产品法》已将碳配额衍生品纳入交易品种，借鉴国际经验，未来金融管理部门应更多地参与碳市场监管，管理规则设计也应充分借鉴金融理念。

第六，推动能源价格市场化改革。碳价格要形成对全社会生产、消费等行为的牵引，还取决于能否形成顺畅的传导，电力系统是最重要的"二传手"。电力行业在碳排放中占比约一半，是碳价格传导的关键环节，电网还可以将碳价格分别提供给发电方、储存方、调峰方、用户方等不同主体，中间涉及的激励信号非常重要，必须统筹协调好。但电力定价目前还存在一定的行政管理，并非完全的市场化定价。在这种情况下，碳价格信号的传导可能阻滞在电价环节。也就是说，即使碳市场形成良好的价格信号，也无法通过电力价格有效地传导到其他经济环节。因此，推动能源价格市场化改革势在必行。在疫情冲击与房地产市场下行的背景下，中央和地方财政比较困难，这种情况下，怎么发挥市场机制作用去引导资源配置，可能更加重要。中国低碳转型的难度不在于技术，我们在新能源汽车、光伏、特高压等很多技术领域是有优势的，甚至是世界领先的，真正的困难在于市场机制、在于制度。只要把市场价格机制理顺了，资金会自发流向低碳技术领域，我国低碳转型的难度将大大降低。

此外，根据当前全球发展趋势，我国也要重视碳抵消市场的发展。2012年，发展改革委出台《温室气体自愿减排交易管理暂行办法》，引入CCER作为碳配额交易市场的有效补充，可以视为CDM的中国版本。CCER起步于2012年3月，暂停于2017年3月，最近几年我国碳抵消市场发展明显不足，不利于降低配额市场的履约成本，还会影响我国低碳技术的资金支持与国家整体碳中和目标的实现。而且，CCER的适用范围还比较狭窄，应考虑在新能源、碳汇、碳移除的基础上进一步扩大支持范围，比如，未纳入配额市场的公司的内部碳节约、第三方公司提供的中间品（含新材料、新设备）的间接减碳等，从而构建多层次的碳抵消市场。同时，按照我国相关部门的政策规定，碳抵消用于碳排放权履约的比率被限制在5%，国际碳市场的抵消比率在10%左右，相关的比例设置还可以进一步研究论证。

第四章

中国如何引领绿色金融的未来

绿色金融为低碳发展提供了资金活水，过去20年在国际上引发了广泛关注。中国金融管理部门很早就及时跟踪国际上绿色金融的发展，但考虑到中国与国外情况有所不同，中国摸索出了"自上而下"的顶层设计与"自下而上"的底层探索紧密结合的发展思路。在合适的发展思路与政策框架下，中国绿色金融起步不算早，但发展快，绿色信贷规模现居全球第一，绿色债券规模现居全球第二，中国绿色金融发展已经积累了经验，在一些领域也走在世界前沿。目前需要进一步推动高质量发展，完善市场机制，为中国低碳转型积极助力，也为世界绿色金融发展探索做出积极的贡献。

中国绿色金融发展与改革试点

发展绿色金融已经成为新时代中国的一项重要经济战略。中国发展迈入了新时代，绿色发展理念深入人心，绿色金融发展备受关注。2012年11月，党的十八大首次把"美丽中国"作为生态文明建设的宏伟目标，将生态文明建设摆在了中国特色社会主义五位一体总体布局的战略位置。党的十八届五中全会提出了"创新、协调、绿色、开放、共享"新发展理念。2015年中共中央、国务院发布的《生态文明体制改革总体方案》和2016年国家"十三五"规划纲要，明确提出了"构建我国绿色金融体系"的宏伟目标。

同时，中国在国际社会上积极倡导绿色金融发展，起到了重要的引领作用。在中国的倡导下，2016年杭州G20峰会发布了《二十国集团领导人杭州峰会公报》，首次将绿色金融写入其中，发展绿色金融通过G20杭州峰会公报已成为重要的全球共识。在中国的倡议下，2016年9月6日，G20绿色金融研究小组正式成立，研究小组发表的《2016年G20绿色金融综合报告》明确了绿色金融的定义、目的和范围，识别了绿色金融面临的挑战，提出了推动全球绿色金融发展的七个选项，成为国际绿色金融领域的指导性文件。此外，中国在国际双边合作中倡导推动绿色金融发展。中英联合探索商业银行和资产管理公司环境信息披露的内容和方法，中美建立了建筑节能与绿色发展基金，中国和卢森堡也同步发布了绿色债券指数，由中国机构编制的绿色金融标准也首次由境外资本市场交易机构采纳。

国际绿色金融发展的背景

发达国家经历了"先污染、后治理"的发展过程，形成了很好的社会责任投资微观基础，其推动绿色金融发展主要采用"自下而上"的方式，早期依靠国际组织和商业机构。在以环境污染换取快速经济发展的漫长过程中，发达国家付出了巨大的代价，各方均深刻认识到，忽视环境的发展方式是不可持续的。一些金融市场参与者开始自发践行社会责任投资理念，具有代表性的是"赤道原则"（EPs）和"社会投资责任原则"（SRI）。

赤道原则由银行机构提出，2003 年，花旗银行、巴克莱银行、荷兰银行、西德意志州立银行等 10 家银行宣布实行赤道原则。随后，汇丰银行、J.P. 摩根、渣打银行等金融机构也宣布接受赤道原则。在赤道原则的起草中，国际非政府组织发布的《关于金融机构和可持续性的科勒维科什俄宣言》对其产生了基础性影响，特别是其中金融机构应遵守的六项原则性规定，即可持续性、不伤害、负责任、问责度、透明度以及市场和管理。

社会责任投资原则主要由商业机构，特别是 NPO（非营利组织）和 NGO（非政府组织）等社会力量共用推动。欧美等发达国家通过 SRI 促使被投资商业机构重视自身社会责任、重视商业机构发展与社会发展、环境保护的均衡，这已成为投资领域一个相当流行的趋势。SRI 的理念是将传统经济的"成本—收益"分析方法从单纯的经济层面推广到社会和环境层面，权衡社会环境成本与社会环境效益，要求任何投资行为都应该达到经济、社会、环境的三重底线标准，据此做出的投资决策才符合社会责任规范。

通过商业机构和社会组织的自下而上不断推动，国际社会对于发展绿色金融已达成共识。2015 年 12 月，《联合国气候变化框架公约》近 200 个缔约方在巴黎气候变化大会上达成《巴黎协定》，为 2020 年后全球应对气候变化行动做出安排，标志着全球经济活动开始向绿色、低碳、可持续转型。在 G20 的推动下，许多国家开始发布支持本国绿色金融或可持续金融发展的政策框架或路线图，许多国家和地区首次发行了绿色债券，各种绿色金融产品不断涌现，全球范围内开始形成发展绿色金融的热潮。

中国绿色金融发展的独特背景和特征

虽然中国的发展同样经历了"发展—污染—治理"的过程，但我们对于低碳发展的认识还是比较前瞻的，这源于中华民族的文化传统背景。同时，中国在认识比较前瞻的情况下，探索出了一条符合自身国情的绿色金融发展路径。

深厚的文化传统背景。中国的传统文化理念强调"天人合一"、人与自然的和谐发展，讲究"君子爱财，取之有道"。近20年的经济发展过程中，忽视经济社会和自然环境的和谐发展，导致出现了环境、资源、食品安全等问题，这与中国的传统文化理念相违背。

政府自上而下推动，充分体现社会主义体制的优势。与西方发达国家显著不同的是，中国发展绿色金融是由政府自上而下推动的。2012年11月召开的中国共产党第十八次全国代表大会，首次把"美丽中国"作为生态文明建设的宏伟目标，把生态文明建设摆在了中国特色社会主义事业五位一体总体布局的战略位置。2017年，党的十九大报告再次强调"发展绿色金融"。中国共产党，特别是作为执政党，是第一个把生态文明建设作为行动纲领的政党，这充分体现了我国社会主义的特色和优势。目前，将绿色发展上升为国家战略高度的国家在国际上几乎没有。自上而下的政府推动模式，能充分发挥社会主义体制优势，集中力量和资源把事情办好。我国绿色债券市场的快速发展就很好地证明了这一点。

践行"自上而下"的顶层设计与"自下而上"的基层探索相结合的改革路径。发展绿色金融,既需要"自上而下"的顶层制度推进,也需要"自下而上"的基层探索落地。绿色金融是新生事物,虽然在我国呈现出发展全面提速的良好态势,但从总体上看仍处于探索阶段,发展经验不足,需要选择部分地方进行改革试验,在体制机制上探索可复制、可推广的经验,进而在更大范围内推广。此外,我国幅员辽阔,地区差异性大,每个地方都有自己的发展特点和天然禀赋,生态环境、产业结构、金融市场等情况各异,"一刀切"的绿色金融发展模式不可行。选择存在差异性的地方进行试点,在差异中寻找共性,总结推进绿色金融体系发展的共性因素,探索共同的发展规律,再在更大范围内进行推广,符合我国的国情。正是基于上述原因,2017年6月14日,国务院第176次常务会议决定在浙江、江西、广东、贵州、新疆五省(区)部分地方设立绿色金融改革创新试验区,开启了我国绿色金融改革创新的基层实践,标志着我国绿色金融发展进入新阶段。

发展绿色金融是经济绿色转型的重要推手,也是供给侧结构性改革的重要内容,将为经济社会发展汇聚新动能。2008年全球金融危机以来,很多国家和地区都积极寻求经济发展新动能,加大了绿色经济发展的力度,将绿色、低碳经济作为发展新引擎。美国推出近8 000亿美元的经济复兴计划,其中1/8用于清洁能源的直接投资以及鼓励清洁能源发展的减税政策,同时加强对能源和环境领域的科研投入和总体部署,希望通过投资绿色行业加大就业。欧盟于2009年启动绿色经济发展计划,计划投资1 050亿欧元支持此计划在成员国推行,其中540亿欧元和280亿欧元用于帮助欧盟各国执行环保法规和研究创新废弃物处理技术，以此来推动欧盟绿色就业和经济增长。长期以来，我国经济发展过度依赖房地产和基础设施建设的拉动，这样的发展模式不可持续。2017年，我国一、二线城市的房价得到有效控制，而三、四线城市的房价仍在上涨。导致这种现象的原因很大程度上是棚户区改造的货币化效应，其本质属于政府购买，却容易给社会造成房地产需求大的假象。如果只是为追求GDP增长而加杠杆进行基础设施投资，这种增长是不可持续的。因此，中国的经济发展不能仅依靠房地产和基础设施建设。绿色发展正是我国经济发展的新增长点。通过绿色转型，破除传统发展的路径依赖，为经济增长汇集新动能。当前，供给侧结构性改革已进入深度结构调整阶段，淘汰落后过剩产能初见成效。产业结构和能源结构调整，构建绿色、循环、低碳发展的产业体系步伐加快，在此过程中，生产和投资越来越向绿色化方向发展。研究表明，绿色投资将对国民经济发展起到显著的拉动作用。

绿色金融产品的发展情况

由于各方的重视与投入，我国绿色金融产品总体处于快速发展阶段，目前已取得了很好的发展成绩，但还存在一些不足之处，需要在实践中不断探索完善。

绿色信贷

2007年，人民银行、银监会等相关部门先后印发《关于落实环境保护政策法规防范信贷风险的意见》《节能减排授信工作指导意见》，推动我国绿色金融发展。2012年，银监会印发《绿色信贷指引》，从多个方面对银行业金融机构发展绿色信贷提出要求，主要涵盖三大支柱：支持绿色、低碳、循环经济发展，防范环境和社会风险，提升银行业金融机构的环境和社会表现。2015年，银监会和发展改革委制定了《能效信贷指引》，明确能效融资的重点部门和融资方式、能效信贷的风险防范特点、能效融资的能力建设、能效融资的激励。此外，我国绿色信贷统计制度、绿色信贷激励体系相继建立。2018年1月，人民银行印发《关于构建绿色贷款专项统计制度的通知》，明确了绿色贷款的标准。随着绿色信贷统计制度的逐步建立，从2017年三季度起，人民银行已将24家全国性金融机构的绿色信贷业绩纳入宏观审慎评估体系（MPA）考核。2021年，人民银行发布《银行业金融机构绿色金融评价方案》，对金融机构绿色贷款、绿色债券业务开展综合评价。2021年11月，人民银行创设推出碳减排支持工具，完善激励机制。

目前，绿色信贷发展中存在的主要问题包括标准体系、选择绿色项目、信息披露机制、第三方评估机制、环境压力测试等方面。

一是标准体系方面。绿色信贷标准在我国更多受宏观调控指导，监管部门主要将节能减排、污染防治、资源节约与循环利用等项目贷款归为绿色信贷，"两高一剩"等限制性行业贷款不属于绿色信贷。但实践中，大量项目采用新技术对"两高一剩"行业进行改造升级，属于绿色项目，把"两高一剩"等限制性行业的这些项目贷款界定为非绿色信贷，显然不科学。目前，人民银行的统计已开始根据项目而不是根据行业确定绿色信贷。

二是选择绿色项目方面。绿色项目涉及经济社会的方方面面，需要结合各地的区域特点加以综合判断。以城市规划为例，我国大部分城市为单中心结构，人口较为集聚，城市密度较高。这种城市规划模式决定了我国的轨道交通和公交车系统难以完全满足人们的出行需求，大量居住地点远离市中心的人仍然需要依赖小汽车、出租车等相对不够绿色的出行方式。相比之下，欧洲国家的城市一般小而精，步行、自行车等绿色出行方式在欧洲城市更具实用性。再者，一些项目本身具有节能环保特征，但如果脱离了当地实际需求也可能成为非绿项目。例如，地铁出行被普遍认为是绿色的。相关测算显示，给定同样的运输量，地铁运营带来的污染水平仅为私家车的1/10，但如果地铁建设过于超前，导致客流量过低，则会形成另外一种浪费。脱离实际需求的项目不能称为绿色项目。

三是信息披露方面。环保信息的披露机制不健全，会影响银行对企业生产活动是否符合绿色信贷标准的判断。其中，既包括环保部门提供信息不充分，无法第一时间获取环保部门挂牌督办企业、限期治理企业、污染关停企业名单，以及环保治理督查和检查进展情况等，影响银行对企业是否符合绿色原则的判断；也包括部分企业刻意隐瞒环境信息，向银行主动披露环境信息的意愿不足，部分企业甚至刻意隐瞒、伪造，导致银行误发绿色信贷。因此，要尽快推动政府建立信息共享平台，夯实绿色金融基础设施，汇总相关环境信息并实现信息的共享，为绿色金融发展营造良好的生态环境。

四是第三方评估方面。绿色信贷第三方评估市场的不完善将影响银行调查结果的独立性和公正性。此外，第三方评估费用较高会增加企业绿色融资成本，从而降低企业绿色融资的积极性。

五是环境压力测试方面。环境问题具有明显的外部性特征，环境变化带来的外部经济、外部不经济均可转变为企业生产经营中的内生变量。企业运营成本的增加将导致盈利能力和偿债能力的下降，进而影响商业银行信贷资金安全，而压力测试为量化这种环境风险提供了重要的工具。通过测算环境因素对银行信用风险的影响，可为信贷产品定价提供环境风险因素的衡量依据，有利于银行合理安排信贷与投资组合，也可为银行业监管机构考虑环境要素风险时提供参考。当然，实施环境压力测试后，监管部门需要对资本充足率、风险权重等指标进行相应的重新计算，这样才能更好地引导金融机构加大对绿色项目的支持。

综上，我国绿色信贷发展的关键是要制定统一的绿色信贷标准，根据产业污染度制定指导目录，为绿色信贷投放提供明确指导，同时要完善环保信息第三方评估机制和环境信息公示制度，强化绿色信贷执行监督检查力度，加大对银行实施绿色信贷情况的监管和考核力度。地方上支持绿色信贷可从以下方面入手：一是共建共享环境、安全违法违规信息平台，为绿色信贷发展提供良好的基础设施，营造良好的绿色发展环境；二是明确重点支持的绿色发展领域，即确定绿色项目、产业，引导资金流向这些领域。此外，要与利益相关者构建合作伙伴关系，加强沟通联系。

绿色债券

绿色债券是指募集资金最终投向符合规定条件的绿色项目的债权债务凭证，核心特征是募集资金集中用于实现绿色效益。绿色债券既能满足投资人致力于环境保护、控制温室气体排放的目标，又可以满足发行人低成本、长期性筹资需求和可持续发展的需要，因此近年来发展非常迅速。

　　发达国家在自下而上推动绿色债券市场发展的过程中，形成了社会责任投资与绿色债券标准的"双轮驱动"发展格局。发达国家的绿色债券发展始于社会责任投资。2007年欧洲投资银行发行世界范围内首只"气候意识债券"，2008年世界银行发行了首只贴标的绿色债券，拉开了世界绿色债券市场的序幕。国际组织或多边机构随后发起制定绿色债券标准并自愿遵守，统一的市场标准又激发了社会责任投资热情，从而形成社会责任投资与绿色债券标准的良性循环。截至2020年末，全球绿色债券累计发行规模达1万亿美元。其中，美国累计发行2 117亿美元，位居世界第一；中国累计发行1 273亿美元，位居第二。2020年，全球绿色债券市场发行规模2 690亿美元，主要投向能源、绿色建筑、交通运输、水资源、垃圾处理、土地利用等多个领域（图4-1）。发行人包括主权政府、地方政府、金融机构和非金融企业，多数披露了所投项目的环境效益。投资人包括ESG投资人及社会责任投资者、基金公司等金融机构、企业和个人等。

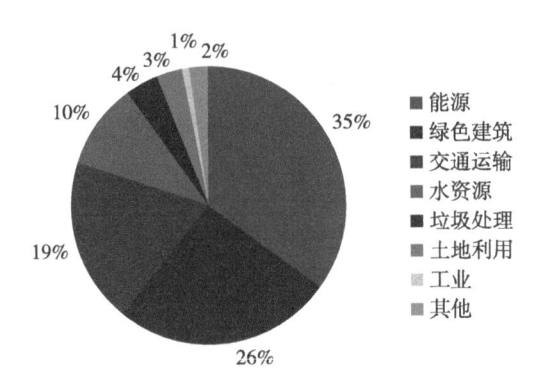

图4-1　全球绿色债券募投领域分布

数据来源：气候债券倡议组织。

中国绿色债券市场在"自上而下"的政府推动与"自下而上"的底层探索共同作用下，也取得了跨越式的发展。境内绿色债券从2015年绿色金融债券开始起步，随后境内非金融企业也发行了绿色债券。根据万得资讯的数据，2020年中国企业在境内外发行贴标绿色债券2 753亿元，约占全球当年发行规模的16%，其中，在境内发行绿色债券1 962亿元，发行绿色资产支持证券329亿元，合计2 291亿元。募集资金广泛用于节能减排、污染防治、清洁交通等绿色领域，其中，用于绿色项目占比约74%，补充一般运营资金或偿还一般银行贷款（绿色公司债和绿色企业债）占比约26%。发行主体主要为金融机构和非金融企业。投资人与普通债券投资人类似，主要为商业银行、证券公司、保险公司、非法人产品以及境外机构投资人等，社会责任投资人和ESG投资人正在逐步形成。从环境效益看，以绿色债务融资工具为例，环境效益数据披露于评估认证报告，据测算，支持的绿色项目每年节能超过1.8亿吨标准煤，相当于2020年全年能源消费总量的3.6%，减排二氧化碳4.5亿吨。

我国绿色债券市场逐步探索建立了政策框架。在募集资金使用方面，提出可供投资的绿色项目目录，即《绿色债券支持项目目录》，明确了绿色债券支持项目的界定和分类。在募集资金管理方面，要求发行人建立募集资金管理制度，开立专门账户或建立台账，确保募集资金流向可追溯。在绿色项目评估与遴选机制方面，鼓励由第三方机构出具绿色债券评估和认证意见，明确评估与项目遴选机制。在信息披露方面，发行人充分披露项目筛选标准、决策程序、环境效益目标，债券存续期间定期公开披露募集资金使用情况以及募集资金的专项审计报告。

我国绿色债券市场的发展取得了巨大成绩，但同时也面临着诸多挑战，包括如何确保募集资金用于绿色项目、如何提高绿色债券的商业可持续性等方面，需要加快高质量发展。当前发展我国绿色债券的关键是，完善绿色融资后续监督管理机制，规范和统一绿色债券的信息披露标准，培育多元化的绿色债券参与主体，引导投资者形成绿色投资和责任投资理念，丰富发行主体类型，规范绿色债券第三方评估认证行为，鼓励政府部门出台绿色债券配套支持措施。

绿色担保基金等

通过设立担保基金实现政策意图，是大多数国家和地区（如韩国、法国、菲律宾、中国台湾等）的普遍做法，且起到了积极效果。从实践看，欧美国家的贷款担保业务，基本上都体现了国家政策或制度方面的意图，成为实现政府特定目标的金融工具，具有明显的政策性。

2016年8月31日，人民银行等七部委联合发布《关于构建绿色金融体系的指导意见》，鼓励和支持有条件的地方通过专业化绿色担保机制、设立绿色发展基金等手段撬动更多的社会资本投资于绿色产业。绿色金融具有环境外部性、期限错配、信息不对称、分析能力不足等特征和挑战。担保具有保证绿色责任履行、信用增级、减少信息不对称、风险管理、降低交易成本的功能。通过专业化的绿色金融担保服务，可以调整金融机构对环境风险的认知，深化对环境相关金融风险的理解，完善定价机制，调整和健全环境外部性内部化的机制体系，满足产业、能源和交通等主要绿色领域的投资需求，有效缓解绿色金融面临的环境外部性、期限错配、信息不对称、分析能力不足等问题。

需要强调的是，要厘清对担保基金功能的认识。政策性担保基金往往是政府出资，国资部门或者相关部门要对其进行监督考核，一般对担保基金设有保值增值的约束性条款。但问题是，政府设立担保基金的初衷是实现国有资产保值增值，还是服务绿色企业或绿色项目的创新发展。如果是后者，绿色发展或绿色科技创新往往具有高风险特点，失败概率较大，以保值增值作为约束，很难真正有效地支持绿色创新发展。从这个角度看，在绿色创新发展领域，政府担保基金有一些损失是很自然的现象，成立担保基金就应该有承担一定损失的准备。当然，必须建立一系列科学合理的考核机制，防止拿政府的担保基金乱作为甚至违法乱为现象的发生。

此外，要发展绿色指数及相关产品；推动建立强制性绿色保险制度，把与公众利益密切相关的环境污染等领域作为责任保险发展重点，逐步在环境高风险领域建立环境污染责任强制保险制度，如采矿、化工、危险品运输等，为生态文明和美丽中国建设提供绿色保险保障；在股票市场，采取国际上通行的上市公司强制性环境信息披露制度，宣传绿色投资理念，上市公司是资本市场的基石，在落实环境保护责任方面责无旁贷，建立强制性环境信息披露制度有助于提升上市公司质量，这既是资本市场稳健发展的重要制度，也是促进环境质量改善的新举措。

现阶段我国发展绿色金融的几个关键问题

随着绿色发展理念的不断深入和绿色金融顶层设计和制度安

排的不断完善,我国绿色金融的发展取得了积极成效。然而,也要充分认识到,绿色金融的发展并不容易。绿色转型过程是痛苦的,需要多方面的改变,包括落后产能的淘汰、环保标准的提高、财政金融政策的转型等。现阶段,推动绿色金融发展关键要把握好以下几个方面。

第一,明确"绿色"标准是前提。绿色金融的核心在于实现资金要素的绿色配置,类似于金融扶贫以及金融服务三农、小微,本质上是一种金融政策,关键是确保资金能够真正流向绿色节能、环保型企业和项目。绿色金融不是一个筐,不能什么都往里装,不能把一些没有环境效益的生态休闲、观光旅游等项目纳入绿色金融支持范围。在项目认定、信息披露、募集资金管理、认证评估等方面都要有严格的要求,防止"洗绿"风险。2017年6月,人民银行、银监会、证监会、保监会、国家标准委联合发布《金融业标准化体系建设发展规划(2016—2020年)》,明确提出将"绿色金融标准化工程"列为"十三五"时期金融业标准化的五大重点工程之一。目前,我国绿色金融标准化建设正在稳步推进。

第二,推动可持续发展是关键。金融如水,只有绿色项目能够盈利,资金才会流过来。金融机构作为营利性机构,商业可持续性是其发展的内生动力和长久保障。因此,在界定绿色项目的基础上,要挖掘绿色项目的营利性,发挥价格机制的激励约束作用,不断提升绿色金融的可持续发展能力。在绿色金融起步阶段,绿色项目普遍存在融资成本较高、期限较长、项目收益较低、风险相对较高等特征,推动绿色金融发展关键要解决降低绿色项目融资成本和风险分担的问题,这既要发挥好政府的积极作用，也要坚持以市场化为导向。

第三，加强政府引导。推动绿色金融发展，需要政府积极作为，发挥正向引导作用。除了科学界定哪些是绿色项目，明确如何遴选、认定、推荐以及追踪绿色项目，防止以绿色项目名义从事非绿色活动外，政府还需要通过多种途径积极发挥作用。

一是完善促进绿色金融发展的正向激励机制。这既包括政府的财政贴息、税收优惠、风险补偿、信用担保等支持，也包括中央银行再贷款、设立绿色发展基金等举措，降低绿色项目的融资成本并提升投资者的风险承受能力。例如，出台绿色税收政策，对从事低碳技术开发的企业给予一定的税收减免，可以吸引企业积极进行低碳技术研发和购置环保设备。而对高耗能、高污染企业征收环境税，则可以推动其节能减排。

二是健全绿色投资领域的法律法规体系，确保发生纠纷时有法可依。明确环境污染企业应承担的责任和应受到的处罚，提高排污标准并制定消费环节的废弃物收费标准。加强环境监管，提高生产环节的废弃成本、排污成本和消费环节的废弃成本。通过提高排污成本实际降低绿色项目成本，实现企业环境效益内生化。

三是健全绿色金融基础设施，提升绿色金融市场透明度，优化绿色金融生态。着力解决绿色金融市场普遍存在的投融资信息不对称问题，通过强化企业环境信息披露要求，建立公共环境数据平台，完善绿色评级和认证，施行环境风险分析等多种措施，来有效制约污染性投资，为绿色金融发展营造良好的生态环境。

四是培养负责任的绿色投资者。让绿色投资理念深入投资者，让更多的投资者愿意购买绿色产品和项目。这是一个长期的过程，不能一蹴而就，需要政府的积极引导。越来越多的绿色产业投资者，包括绿色债券发行人，在获得商业回报的同时也获得了良好的社会声誉。加大对绿色金融理念的宣传、推广，培育吸引更多负责任投资者，引导中长期的社会资本投入绿色项目和绿色金融是政府实践和努力的方向。

五是加大环境执法力度、严惩环境违法行为，降低绿色项目融资成本。环境执法部门加大了对各地环境违法违规的执法和处罚力度，短期产生了阵痛，但从长期来看有利于经济的绿色转型和可持续发展。随着环保执法的趋严，部分高污染企业被关停，导致银行产生不良贷款。这反映出非绿色项目贷款具有较高的风险，当全社会形成这样的共识后，绿色项目将更容易得到金融支持。

第四，坚持市场导向。一是要充分发挥市场配置的基础性作用，不断通过机制体制创新提高绿色项目的回报率，引导金融资源配置到节能环保的绿色领域，退出污染性行业，促进产业结构绿色转型升级，服务实体经济绿色发展。二是要加大绿色金融产品和服务创新以及绿色金融商业模式创新，运用绿色信贷、绿色债券、绿色产业基金、绿色担保、绿色补偿基金等产品工具，广泛调动各种资源为绿色金融提供源头活水，推动绿色金融可持续发展。三是强化市场主体的社会责任和绿色发展意识。

第五，探索绿色金融创新是重点。绿色项目的融资需求具有多层次性和多样性，需要充分发挥主观能动性进行探索创新，根据绿色项目的不同需求类型匹配相适应的金融产品和服务。纯公共产品可由财政资金或者公共资金来承担；具有投资回报性、可商业化运作的项目，则应充分发挥金融的支持作用，根据项目需求提供相应的金融产品。短期绿色项目，以银行信贷为主设计产品服务体系；中长期、现金流相对稳定的绿色项目，可以考虑债券市场融资；高成长但风险也较高的绿色项目，则可考虑私募股权基金或者上市融资等方式。此外，通过发展绿色基金，对企业绿色领域的技术研发和生产提供资金支持，培育企业在绿色领域的竞争力和可持续发展能力；通过建立中小企业绿色担保基金，从而降低中小企业进入绿色市场的难度。在绿色金融的发展中，要充分发挥主观能动性，通过制度、组织方式、市场模式、产品服务的创新来不断满足绿色融资的多样性和多维度需求。

第六，切实防范风险是底线。防范风险是金融的永恒主题，发展绿色金融要牢牢守住风险底线原则。绿色金融的风险点集中在以下方面：绿色项目界定标准不完全统一，对绿色项目范围还没有达成完全一致；信息披露不完善，认证评级不规范；未能完全实现环境效益外部性内生化，绿色项目回报率偏低，社会资本投资绿色项目意愿不足。特别是，如果地方政府过分追求GDP增长，对环境保护不重视，污染企业的成本能够外部化，将非常不利于绿色企业的竞争。防范这些风险要加快制定绿色信贷、绿色金融的标准规则，防范"洗绿"风险，提高对绿色金融风险的识别能力，提高环境标准要求，提升绿色金融的可持续性，鼓励金融机构开展环境风险压力测试，完善绿色项目投融资风险补偿机制。

建立与国际接轨的绿色金融标准体系

发展绿色金融关键在于科学、清晰地界定绿色产业和项目标准。2017年发布的《金融业标准化体系建设发展规划（2016—2020年）》，明确将"绿色金融标准化工程"列为"十三五"时期金融业标准化的五大重点工程之一。近年来，中国已经探索建立了一套绿色金融标准体系，随着全球关于绿色可持续发展共识的不断增强，中国绿色金融标准正朝着与国际接轨的方向稳步推进。

国际绿色标准多为国际组织或多边开发机构发起并自愿遵循

目前由主流国际组织或政府出台的公信度较高、权威性较强、影响力较大的绿色标准正逐步趋同，但因国情和市场发展阶段不同，在具体要求等方面还存在一定差异。目前国际公认度较高的绿色金融标准主要集中于债券和信贷领域，基金、保险、股票等领域尚无较权威的绿色标准。

国际上被广泛采用的绿色债券标准主要是由国际资本市场协会（ICMA）推出的《绿色债券原则》（GBP）和气候债券倡议组织（CBI）推出的《气候债券标准》（CBS）。GBP明确了绿色债券的四个核心要素，包括募集资金用途、项目评估与遴选、募集资金管理、环境信息披露与报告。具体包括：募集资金应全部用于绿色项目；绿色项目的评估遴选应有章可依、有据可循；募集资金应做到可全流程追踪，以确保全部用于绿色项目；做好环境信息披露与报告，便于投资人清晰了解绿色项目相关情况、募集资金使用情况及环境效益实际效果等。这些标准便于投资人选择配置标的，并持续进行跟踪和验证。

部分国家或地区在上述国际绿色债券原则的基础上，构建了本国或地区的绿色债券框架。欧盟公布了《可持续金融分类体系》征求意见稿，拟将其作为绿色债券、气候债券发行的依据和参考。美国虽然在联邦层面没有专门的绿色债券标准，但个别州出台了由发行人自愿采纳的标准，如加利福尼亚州的《绿色债券承诺》[①]。此外，部分国际开发性金融机构也制定了自己的绿色标准，如欧洲投资银行推出的《气候意识债券项目资格标准》、多边开发银行—国际开发性金融俱乐部（MDB-IDFC）推出的《气候减缓融资原则》，作为本机构发行绿色债券或气候债券的主要标准。

绿色信贷方面的标准主要是赤道原则和绿色信贷原则（GLP）。赤道原则由 IFC（国际金融公司）联合 10 家银行共同推出，以世界银行的环保标准规范以及 IFC 的可持续发展政策和指南为基准。银行可在授信过程中自愿采纳，目前共有 37 个国家和地区的 97 家金融机构自愿遵守，包括中国的兴业银行、江苏银行和湖州银行。绿色信贷原则由贷款市场协会（LMA）[②]和亚太贷款市场协会（ALMA）[③]共同推出，是参考 GBP 制定的自

[①] 美国发行人一般根据 GBP、CBS、国际气候和环境研究中心（CICERO）推出的《环境影响评估》及美国绿色建筑委员会出台的《美国绿色建筑 LEED 标准》等准则，结合募集资金用途自主确定是否标识为绿色债券，并酌情引入第二方意见或第三方认证。

[②] LMA 成立于 1996 年，会员覆盖 69 个国家或地区的 760 个组织，包括商业银行、投资银行、机构投资者、律师事务所、服务提供商和评级机构，主要业务领域包括编制相关文件、指导市场实践、贷款运营、与立法机关和监管机构沟通等。

[③] ALMA 是一家总部位于中国香港的非营利性组织，代表亚太地区银团贷款机构的利益，主要目标是促进银团贷款市场的增长和流动性。该组织由 15 家国际银行组成于 1998 年成立，成员包括银行、非银行金融机构、律师事务所、保险公司、评级机构、多边机构、金融信息服务提供商和其他金融中介。

愿性准则。GLP 与 GBP 一样，也包括募集资金用途、项目评估筛选、募集资金管理、信息披露四大核心内容，为绿色信贷提供了高标准的指导框架。

国内外绿色金融标准涵盖范围逐步趋同

境内外绿色债券标准的比较

中国绿色债券与国际绿色债券标准大体相同，包括绿色项目认定、信息披露、募集资金管理和评估认证等方面。在绿色债券发展之初，境内在绿色项目认定、募集资金使用与管理、信息披露及评估认证等方面，与国际标准原则基本相同。

第一，在绿色项目范围方面，国际标准普遍将燃气、燃煤、燃油等化石燃料供能项目、提高化石燃料能效的技改项目、化石燃料铁路运输项目排除在外。在国内绿色债券市场发展之初，中国绿色金融委员会发布的《绿色债券支持项目目录（2015年版）》（表4-1），结合中国国情，把"煤炭清洁利用"纳入污染防治或清洁能源范畴，曾引起境外机构质疑。2021年，人民银行、证监会、发展改革委联合发布新版绿色债券支持目录，删除了原版目录的化石能源使用，在绿色项目方面已实现了与国际标准接轨。

表4-1 《绿色债券支持项目目录（2015年版）》与国际标准差异

项目举例	《绿色债券支持项目目录（2015年版）》	GBP、CBS
燃煤火力发电机组装置和设施运营项目，与燃煤等化石燃料相关的、符合标准的"上大压小，等量替代"集中供热改造项目	允许	禁止

续表

项目举例	《绿色债券支持项目目录（2015年版）》	GBP、CBS
煤炭洗选加工，分质分级利用，及采用便于污染物处理的煤气化等技术对传统煤炭消费利用方式进行替代的装置/设施运营项目	允许	禁止
运送煤炭等化石燃料的铁路运输项目	允许	禁止
建设、运营满足相关汽油/柴油生产工艺要求的高清洁性标准燃油生产装置/设施或既有汽油、柴油生产装置清洁性标准提升技术改造项目	允许	禁止
生产符合相关标准的汽油或柴油产品，以及抗爆剂、助燃剂等清洁燃油添加剂产品	允许	禁止
天然气燃料汽车	允许	禁止
开发、建设、运营聚光太阳能热发电设施/项目的后备燃气机组容量占比不得超过15%	未明确要求	CBS明确要求

资料来源：《中国绿色金融发展研究报告2019》。

第二，在募集资金使用与管理方面，境内外市场皆要求绿色债券发行人应对募集资金进行严格管理，此前境内债券在绿色资金用途比例上，部分品种标准显著低于国际标准（表4-2）。国际两大绿色债券标准GBP和CBS均要求绿色债券发行人应将募集资金放入独立账户，境内绿色债券监管机构或自律组织同样要求发行人开立专项账户或建立专门台账管理募集资金。募集资金使用方面，国际标准要求将至少95%的募集资金用于绿色项目，对绿色公司的认定也较为严格，要求其95%以上的业务应为绿色产业。国内公司信用类债券品种中，只有绿色债务融资工具要求募集资金100%用于绿色用途，与国际标准一致，但绿色公司债要求募集资金的70%以上用于绿色项目，绿色企业债还支持发行主体利用债券资金优化债务结构，允许企业将不超过50%

表4-2 境内外绿色债券标准对比表

标准	制定机构	化石能源使用	募集资金管理要求	信息披露	评估认证要求
GBP	ICMA	否	募集资金净额或等额资金应纳入独立子账户，转入独立投资组合或通过其他适当途径进行追踪，并经发行人内部正式程序确保用于与绿色项目相关的贷款和投资	定期公布资金使用方向，每年至少提交一次项目清单，定期对环境效益进行披露	鼓励使用外部认证，包括出具第二方意见、验证、认证、评级
CBS	CBI	否	债券净募集资金应拨至子账户，移至子投资组合，或由发行人通过恰当的方式进行追踪及归档	每年至少提供一次定期报告，包含资金发放项目、资产清单及资产投资预期的环境效益	与CBI认可的认证机构合作，进行认证程序监督
《绿色债券支持项目目录（2020年版）》（征求意见稿）	人民银行、发改委、证监会	否	—	—	—
中国人民银行公告〔2015〕第39号	人民银行	—	开立专门账户或专建立专项台账，保证资金专款专用，在债券续存期内全部用于绿色产业项目	逐季向市场披露募集资金使用情况	鼓励发行人按年度向市场披露由独立的专业评估认证机构出具的评估报告，对绿色金融债券支持绿色项目发展及其环境效益影响等实施持续跟踪评估
《绿色债券发行指引》	发改委	是	没有明确规定	没有明确规定	不采取第三方认证形式

118　　低碳转型

续表

标准	制定机构	化石能源使用	募集资金监管要求	信息披露	评估认证要求
《非金融企业绿色债务融资工具业务指引》	交易商协会	—	应设立债务资金监管账户，由资金监管机构对募集资金的到账、存储和划付实施管理，确保募集资金用于绿色项目	每半年向市场披露募集资金使用情况和绿色项目简介	鼓励第三方认证机构对企业发行的绿色债务融资工具进行评估，出具评估意见并披露相关信息。鼓励认证机构在评估结论中披露募资工具绿色程度，并对绿色债务融资工具支持项目发展及环境效益影响等实施跟踪评估，定期发布相关评估报告
《关于支持绿色债券发展的指导意见》	证监会	—	发行人应当按照有关规定或约定开设募集资金专项账户，对发行绿色公司债券所募的资金进行专户管理，确保募集资金真正用于符合要求的绿色产业项目	发行人应当披露相关规则规定或约定披露绿色公司债券募集资金使用情况和环境效益等内容，绿色公司债券受托管理人在年度受托管理事务报告中也应当披露上述内容	鼓励发行人提交由独立专业评估或认证机构就募集资金拟投资项目属于绿色产业项目所出具的评估意见或认证报告
《关于开展绿色公司债券试点的通知》	上海证券交易所	—	发行人应当指定专项账户，用于绿色公司债券募集资金的接收、存储、划转与本息偿付	发行人应当披露绿色公司债券募集资金使用情况、绿色产业项目进展情况和环境效益等内容。绿色公司债券受托管理人在年度受托管理事务报告中应当披露绿色公司债券募集资金使用情况、绿色产业项目进展情况和环境效益等内容	鼓励发行人按年度向市场披露由独立的专业评估或认证机构出具的评估报告，对绿色公司债券支持的绿色产业项目及其环境效益等实施持续跟踪评估
《关于开展绿色公司债券试点的通知》	深圳证券交易所	—			

资料来源：根据公开资料整理。

的募集资金用于偿还银行贷款和补充营运资金。对主体信用评级AA+及以上且运营情况较好的发行人，可使用募集资金置换在建绿色项目的高成本债务。目前，相关自律组织已经制定了《中国绿色债券原则》，随着该原则的推广，境内绿色债券在募集资金使用方面将与国际进一步接轨。

第三，在信息披露、评估认证方面，境内外基本一致，境内规定更为具体，但披露质量需进一步提高。与国外标准一致，中国同样对绿色债券的信息披露有明确要求，发行人定期披露募集资金使用、项目进展以及环境效益等情况。从披露频率来看，GBP和CBS均要求至少每年披露一次，而从国内来看，绿色金融债券为逐季披露，债务融资工具为每半年披露，证监会及交易所未明确信息披露频率，但要求绿色公司债受托管理机构在年度报告中披露上述内容。在评估认证方面，境内外均鼓励发行人向市场披露由独立的专业评估或认证机构出具的评估意见或认证报告。

境内外绿色信贷标准的比较

中国已经建立了完整的绿色信贷制度框架并连续多年开展专项统计。相关标准（表4-3）涉及贷款项目、专项统计、监测评价、激励政策、第三方评估和信息披露六个方面。其中，《绿色信贷指引》确定了中国绿色信贷政策体系的框架，为发展绿色信贷奠定了基础。

第一，绿色项目界定方面，国内细化到二级、三级目录，并明确了相关技术指标，国际绿色信贷原则仅包括9个一级目录，对贷款投向进行了较为宽泛的界定①，而赤道原则仅作为概括性规定，将项目按照对环境和社会的影响分为A、B、C三类，影响和风险程度逐级递减，并就环境风险管理提出十项原则②、八项绩效标准和EHS（环境、职业健康安全管理体系）行动指南，涵盖项目审核认定、评估标准、信息披露、管理流程等方面。

第二，贷款资金管理方面，国内绿色信贷相关标准文件和赤道原则对贷款资金管理没有细化规定，而国际绿色信贷原则要求除了现行《绿色信贷指引》提到的"建立健全重大环境和社会风险的内部报告和责任追究制度"之外，还应及时报告信贷资金的使用情况及产生的环境效益，同时要求实行资金专户管理，确保资金真正用于符合要求的绿色产业项目。

第三，信息披露方面，国内监管机构要求银行每半年及每季度公开披露绿色信贷相关数据，国际绿色信贷原则要求向参与贷款的机构披露每年更新资金的使用信息，并在发生重大事项时更新信息，但国内标准和国际绿色信贷原则在披露内容方面均无具体标准和参考样式。赤道原则要求每年公布赤道原则报告，并设置了统一的披露要求，内容至少包括执行过程和经验、各家赤道金融机构的交易数量、交易分类、赤道银行的信用和在风险管理体系中的适用情况、赤道原则的执行情况，以及赤道银行适用赤道原则的程序、措施、安排和员工培训，还规定了报告公开的地

---

① GLP要求所有项目应具有明确的环境可持续效益，借款人应对其进行评估并在可行时进行量化及信息披露。
② 十项原则包括：审核和分类、社会评价和环境评估、适用的社会和环境标准与指南、战略行动计划和管理程序、磋商和披露、投诉机制、独立审查制度、承诺性条款、独立监察和报告制度、赤道银行报告制度。

点、方式、频率以及宽限期等。

第四，外部认证方面，国内标准建议必要时可聘请合格、独立的第三方，对银行履行环境和社会责任的活动进行评估或审计，但对审核内容没有具体规定。国际绿色信贷原则建议对借款人进行外部审核，外部审核可仅对绿色贷款及相关绿色贷款框架的个别方面是否符合国际绿色信贷原则四大核心要素进行评估，也可以进行全面评估。

推进中外标准接轨是中国发展绿色金融的必然选择

一是快速发展的中国绿色金融市场已成为国际投资者关注的重要领域。中国绿色金融由政府自上而下推动，显示了中国政府在应对全球气候变化、促进可持续发展方面的责任和担当，并得到了国际上的认可，具备巨大的发展潜力。中国债券市场也在持续加强对外开放，便利境外投资者入市，国际气候政策组织预计未来将有更多国际投资者投资中国绿色债券市场。

二是绿色金融标准差异会影响中国绿色金融市场对国际投资者的吸引力。虽然我们已经将化石能源剔除出《绿色债券支持项目》，但中国绿色金融领域对募集资金相对宽松的使用要求[①]、不

[①] 被国际投资者普遍认可的标准是，绿色债券应将至少95%的募集资金用于绿色资产或项目，而国内部分绿色债券允许30%~50%的债券募集资金用于补充一般营运资金。根据CBI《中国绿色债券市场2019研究报告》统计，仅募集资金使用标准一项，就使约857亿元人民币的绿色债券募集资金（约占2019年中国贴标绿色债券发行量的22%）不能被国际投资者认定为绿色债券。

表4-3 中国绿色信贷相关标准汇总

标准维度	负责部门	标准文件	标准内容
贷款支持/限制的领域	银保监会	绿色信贷指引	明确绿色信贷的支持方向和重点领域，对国家重点调控的限制类以及有重大环境和社会风险的行业指定专门的收银指引，实行有差别、动态的授信政策，实施风险敞口管理制度
	银保监会	绿色信贷统计表	12类支持节能环保项目及服务贷款，4类需要限制的环境、安全等重大风险企业贷款
	人民银行	绿色信贷专项统计制度	同上
	银保监会	绿色信贷统计信息披露说明	绿色信贷统计口径包括两部分：一是支持节能环保、新能源汽车三大战略性新兴产业制造端的贷款；二是12类支持节能环保项目和服务贷款
	银保监会、发改委	能效信贷指引	明确能效信贷支持的8类能效项目目录
	发改委、人民银行等七部委	绿色产业指导目录（2019）	涵盖节能环保、清洁生产、清洁能源、生态环境、基础设施绿色升级和绿色服务6大类，并细化出30个二级分类和211个三级分类，其中每一个三级分类均有详细的解释说明和界定条件

第四章
中国如何引领绿色金融的未来

续表

标准维度	负责部门	标准文件	标准内容
专项统计	银保监会	绿色信贷统计表	统计上报贷款余额、不良率、贷款五级分类、七种节能减排量等，报送频率为半年报送一次
	人民银行	绿色信贷专项统计制度	从贷款用途、贷款主题行业、贷款质量等维度统计，报送一次
监测评价	银保监会	绿色信贷实施情况关键评价指标	各级银行业监管机构应完善现场非现场监管指标体系，强化对银行面临的环境和社会风险的监测分析，全面评估绿色信贷成效
	银保监会	绿色信贷指引	在《绿色信贷指引》的基础上，明确绿色信贷实施情况的评价指标体系，包括定性指标、定量指标，要求按照风险将客户分为 A、B、C 三类，还提供了应制定信贷政策的行业"两高一剩"行业参考目录
	人民银行	银行业存款类金融机构绿色信贷业绩评价方案（试行）	按照绿色信贷专项统计制度采集业绩评价定量指标，将定量与定性结合的绿色信贷业绩评价结果纳入商业银行 MPA 考核
	银行业协会	中国银行业绿色银行评价实施方案（试行）	依据银行报送的报告进行评价，以定性指标为主，评价结果提交银保监会用于银行业非现场监管、监管评级等参考使用
政策激励	银保监会	绿色信贷指引	银行业监管机构应全面评估绿色信贷成效，按照相关法律法规将评估结果作为银行业监管、机构准入、业务准入、高管人员履职评价的重要依据

续表

标准维度	负责部门	标准文件	标准内容
政策激励	人民银行	银行业存款类金融机构绿色信贷业绩评价方案（试行）	绿色信贷业绩评价结果纳入银行MPA考核
	人民银行	关于推广信贷资产质押和央行内部（企业）评级工作的通知	优先接受符合标准的绿色贷款作为信贷政策支持再贷款、SLF（常备借贷便利）、MLF（中期借贷便利）等货币政策工具的合格信贷资产担保品
第三方评估	银保监会	绿色信贷指引	必要时可聘请合格、独立的第三方，对银行履行环境和社会责任的活动进行评估和审计
	银保监会、发改委	能效信贷指引	必要时银行可寻求合格、独立的节能监察机构、节能量审核机构等第三方机构和相关主管部门在项目技术和节能量评估等方面予以指导和支持
信息披露	银保监会	绿色信贷指引	银行应公开披露绿色信贷战略和政策、绿色信贷发展情况。对涉及重大环境与社会风险影响的授信情况，应依据法律法规披露相关信息，接受市场和利益相关方的监督
	银行业协会	中国银行业金融机构企业社会责任指引	银行业应积极建立企业社会责任披露制度，原则上于每年6月底向银行业协会提交上一年度的企业社会责任报告。鼓励实施社会责任评价体系行的第三方独立鉴证，强化全社会协调的银行业社会责任评价体系

资料来源：根据公开资料整理。

被国际认可的绿色项目[①]、少数绿色债券信息披露不符合国际标准等差异，使 2019—2021 年三季度每年发行的中国贴标绿色债券中约 40% 不能被国际投资者认可。

三是难以统一的绿色金融标准使中国可持续发展战略受到质疑。国际市场认为，中国"自上而下"的绿色标准制定方式，一方面是基于国家战略的要求，另一方面也是各部门博弈的结果，使标准难以与国际统一。而中国投资机构或企业按照国内标准开展境外投资时，会被认为对全球可持续发展造成不利影响。

总体而言，中国的绿色金融标准与境外标准的差异，一定程度上削弱了中国绿色金融市场的国际认可度，因此有必要对标国际标准加以改进，可考虑建立绿色金融标准统筹协调机制，对现有绿色金融标准进行简化整合，减少标准间的交叉重叠，对于同类标准间存在分歧和不一致的地方进行统一，保障标准的统一性和通用性；同时，及时修订、实施、推广绿色金融标准。

完善可持续发展的绿色金融激励机制

国际绿色金融正步入系统化、制度化的发展轨道，我国绿色金融体系已经初步建立，但总体来看，尚未将绿色项目的外部性内部化，形成可持续发展的模式。在发展初期，仍需要政府积极作为，通过适当的政策激励加以正向引导，并随着绿色理念逐步深入，最终建立起可持续的绿色金融发展模式。

---

① 例如有环境或社会影响的水电项目、符合中国绿色定义的 ETC 项目等。

国际绿色金融激励政策

美国绿色金融政策

在法律层面，在相关法律中写入促进绿色金融发展的条款。20世纪70年代以来，美国在制定的多部环境法律法规中，注重促进绿色金融发展。80年代，美国通过《综合环境响应补偿及责任法》等法案，对商业银行、投资者、中介机构进行环保约束，金融机构要对客户造成的环境污染承担责任，并且这种责任可以进行历史追溯。

在行动计划层面，包括财税补贴、贷款担保、支持资产证券化项目、公共机构参与等多种方式。在补贴与担保方面，美国对清洁可再生能源债券（CREB）和合格节能债券（QECBs）减免部分税款，美国能源部对清洁能源项目提供贷款担保。在资产证券化项目方面，为促进中小绿色项目融资，美国通过节能仓储贷款计划（WHEEL）支持贷款资产证券化发展，第一批ABS于2014年发行，规模1 260万美元。在公共机构参与方面，美国的支持方式非常多元，包括直接参与发行（绿色市政债发行）和投资（加利福尼亚州教师退休系统持有2.64亿美元的绿色债券）、成立绿色银行、设立环保基金等。

欧洲绿色金融政策

欧盟在推动绿色金融的发展过程中，发挥着统筹全局的作用，提出了总体目标、政策框架及行动方案。在总体目标上，2014年，在《2030年可持续发展议程》《巴黎协定》的推动下，欧盟就2030年的气候和能源转型目标达成一致，并计划在2050

年前达到温室气体净零排放。在行动方案上，2018年，欧盟发布《可持续发展融资行动计划》，详细说明了将采取的十项行动计划以及实施时间表，并在5月成立欧盟委员会技术专家组（TEG），协助行动计划的推进。在政策框架上，2019年，TEG连续发布《欧盟可持续金融分类方案》《欧盟绿色债券标准》《自愿性低碳基准》等重要报告，明确了高标准的发展框架。

欧盟各国的具体支持措施包括财税补贴、融资担保、监管激励、公共机构支持等方面。在财税补贴方面，德国政府对绿色项目贷款给予贴息。在贷款担保方面，英国政府采用"贷款担保计划"支持中小环保企业，意大利经济和财政部对太阳能项目债券发行提供公共担保，提高评级并降低利率。在监管激励方面，英国中小企业成长基金（BGF）对中小企业风险加权给予优惠，监管当局允许调整中小企业贷款的风险加权。在公共机构参与方面，欧洲也非常多元。德国复兴信贷银行不仅自己发行绿色债券（2015年发行绿色债券37亿欧元，占其发行量的6%），还对节约型能源转换项目提供1%利率的低息贷款；挪威从2013年开始通过"政府养老基金—全球"投资绿色债券；英国绿色投资银行是世界上第一家专门致力于绿色融资的银行，可以解决绿色基础设施项目融资的市场失灵问题。

亚洲绿色金融政策

亚洲各地的激励政策以补贴类居多，特别是补贴认证费用。日本成立环境融资贷款贴息部门、环境能源基金，为中小企业提供低息贷款。新加坡出台GSLS（绿色和可持续性挂钩贷款津贴计划），帮助企业支付绿色贷款的认证费用，鼓励银行制定绿色和可持续挂钩贷款的框架，使中小企业更易获得绿色融资。中国香港推出"绿色和可持续金融资助计划"，资助债券发行人和贷款借款人的发债及外部认证费用，不仅包括绿色债券，还扩大至可持续发展债券及贷款。并且，首次发行绿色和可持续债券的费用（包括法律顾问、审计、挂牌费用等），以及首次、非首次绿色和可持续债券发行人与贷款借款人的认证费用（发行前和发行后都算），均可获得资助。

此外，亚洲国家在利用专门机构方面也有一些实践。日本政策投资银行提出以环境评级确定投资对象，日本商业银行可以使用环境评级系统；新加坡金管局宣布设立总额20亿美元的绿色投资计划，致力于推动绿色发展及环境风险管理等领域。

中国绿色金融激励政策

一是出台绿色评价方案，优化绿色金融激励约束机制。2021年5月，人民银行印发《关于〈银行业金融机构绿色金融评价方案〉的通知》，对24家主要银行业金融机构的绿色金融业务开展情况进行综合评价，其中境内绿色债券也被纳入绿色金融评价范围。绿色金融评价指标包括定量和定性两类，包括绿色金融业务总额占比、绿色金融业务总额份额占比、绿色金融业务总额同比增速、绿色金融业务风险总额占比等定量指标，以及绿色债务融资工具投资人公示结果、参评机构的绿色债券发行与承销情况等定性指标。评价结果被纳入央行金融机构评级等相关政策和审慎管理工具，人民银行及其分支机构可根据相关结果依法采取加强监测、风险警示、早期纠正和风险处置等措施。

二是运用货币政策工具鼓励绿色投资。为引导金融机构加大对绿色经济领域的支持力度，2018年人民银行将不低于AA级的绿色金融债券纳入MLF担保品范围，2021年2月又进一步将主体信用评级不低于AA级的绿色债券纳入货币政策工具的合格抵质押品范围，未来还会探索实施更多的货币政策工具，支持符合条件的金融机构以更加精准的、更低成本的方式为低碳绿色项目提供支持。

三是强化对金融机构绿色信贷等业务的激励。2012年，银监会发布《绿色信贷指引》，鼓励银行发展绿色信贷，加大对绿色、低碳、循环经济的支持，注重防范环境和社会风险，提升自身的环境和社会表现。2014年发布《绿色信贷实施情况关键评价指标》，并定期组织国内主要银行开展绿色信贷统计和评价，引导银行业加深对绿色发展理念的理解和支持。截至2020年末，国内21家主要银行绿色信贷余额超过11万亿元，按照信贷资金占绿色项目总投资的比例计算，21家主要银行绿色信贷每年可支持节约标准煤超过3亿吨，二氧化碳减排当量超过6亿吨。

四是出台补贴政策，促进绿色债券高质量发展。地方政府根据自身实际情况，积极制定绿色金融发展规划，逐步完善绿色金融生态链，鼓励地方企业发行绿色债券，精准推进地方绿色金融生态建设。比如，江苏对全省发行绿色债券的企业按30%进行贴息。广西南宁对南宁市企业发行的绿色债券，将按发行规模的4‰给予奖励，单家企业当年奖励不超过150万元。

绿色金融改革试验区探索

为探索绿色金融体制机制创新，同时为绿色金融发展提供可借鉴可推广的有效路径和可靠模式，2017年6月，国务院常务会议决定在浙江、广东、贵州、江西、新疆五省（区）八地（市）设立绿色金融改革创新试验区。2019年12月，国务院正式批复兰州新区设立绿色金融改革创新试验区，全国绿色金融改革创新试验区增至六省（区）九地（市）。经过几年的探索实践，各试验区因地制宜，从政策引导、机制建设、产品创新、标准规范、风险防控等方面全方位开展绿色金融创新工作。

第一，出台绿色金融支持政策，调动市场主体积极性。各试验区陆续出台绿色金融改革创新实施细则，并配套出台20多项绿色金融专项政策及操作办法，通过货币金融政策、财税激励政策和其他一系列政策支持绿色金融发展。深圳出台《深圳经济特区绿色金融条例》，该条例是我国首部绿色金融法律法规，同时也是全球首部规范绿色金融的综合性法案。湖州市、广州花都区、贵州贵安新区、衢州市等均设立了绿色金融试验区建设专项资金，各地市每年安排财政专项资金达5亿~10亿元，鼓励区域绿色金融改革创新。对于绿色债券、绿色保险、绿色信贷、绿色基金等绿色金融产品，根据融资规模给予300万~500万元的财政补贴或奖励，持续调动各市场主体参与绿色金融体系建设的积极性。

第二，构建绿色金融考核机制，完善试验区机制建设。各试验区完善绿色金融改革创新工作考核机制，相继发布考核评价办法。湖州、衢州构建了全国首个地方性绿色银行监管评价体系和全国首个县域绿色普惠金融评价指标体系，引导金融机构健全绿色金融服务机制。贵安新区发布《绿色金融改革创新试验区工作推进绩效考核办法（试行）》，健全和完善宏观审慎评估考核机制。

第三，多角度加强绿色金融创新，拓宽绿色产业融资渠道。各试验区不断加强绿色金融产品和服务模式创新，满足不同绿色项目个性化的融资需求，如支持试验区企业发行绿色债券，推出环境权益抵质押融资，搭建银企绿色融资对接服务平台，破解企业"融资难、融资贵"等问题。各试验区通过多元化的金融服务和渠道，为绿色产业发展提供更为便捷的融资渠道。

第四，推动绿色项目认定评价标准化，有效解决"泛绿"问题。为解决绿色金融评价认定中的"泛绿""漂绿"问题，各试验区积极推动绿色金融认定评价标准化工作。湖州市、衢州市、江西赣江新区、广州花都区和贵州贵安新区等试验区相继发布了各具特色的绿色项目评价认定方法标准，明确评价认定标准，规范评价认定流程，建立地方绿色项目数据库，提高金融机构绿色信贷、绿色债券等绿色金融产品的认定及管理工作效率，推进绿色金融标准化工程建设，推动绿色金融工作持续健康发展。

第五，落实金融风险处置方案，强化风险防控。各试验区按照人民银行、银保监会要求，制定了相应的金融防控风险政策文件和应对及处置方案。贵安新区依托大数据产业优势，建设绿色金融风险管理数据库，成立绿色金融担保公司，并设立绿色金融补偿基金，建成全国领先的绿色金融风控体系，在风险防控上也探索出了新的模式。广州市搭建绿色金融风险监测及管理信息平台，通过金融科技手段，有效防范化解区域性金融风险，为绿色金融健康发展保驾护航。

绿色金融激励政策的有关建议

当前中国绿色金融仍处于发展起步阶段，ESG投资人群体尚在培育过程中，仍需要政府进行积极的政策引导。

一是研究并推出更多财税优惠措施。财政部门和地方政府可通过各种方式对绿色金融的参与主体给予补贴，这些实践在国际上比较常见，包括税收优惠、利息补贴、发债费用及认证费用资助、给予适当奖励等。

二是加大对有利于绿色金融发展的货币及监管政策的支持力度。推动将绿色金融业绩纳入宏观审慎评估考核，并提高高标准绿色债券货币政策合格抵押品的比例。同时，监管部门应降低银行投资绿色公司信用类债券风险资本占用，货币政策也可更加聚焦绿色领域，发挥"四两拨千斤"的效果，进一步激发绿色领域投资活力。

三是公共机构要积极参与绿色金融市场建设。公共机构包括政府、政策性机构、养老基金等部门，可以发挥的作用是多元化的。应积极参与绿色金融产品设计、发行与投资，在早期发挥引导作用；可以成立专门的担保机构和基金，以及支持集合类绿色项目资产证券化发展，帮助中小企业获取绿色融资。

四是在环保法律法规制定中加入鼓励绿色金融发展的条款。美国法律法规对商业银行、投资者、中介机构从事金融活动的环保责任有明确要求。中国可借鉴此类经验，更好地形成社会责任投资意识。

培育适合绿色金融发展的生态体系

实现绿色金融的可持续发展，关键是要解决降低绿色项目融资成本和风险分担问题。在绿色金融发展初期，除了发挥好政策的激励作用，也要坚持以市场化为导向，培育适合绿色金融可持续发展的生态体系。

培育国内 ESG 投资群体

国际市场 ESG 投资基本情况

ESG 投资意味着，在基础的投资分析和决策过程中融入环境保护、社会责任、公司治理等因素。发展至今，ESG 已成为责任投资的主要理念，责任投资原则组织于 2006 年首次提出，鼓励该组织的参与机构将 ESG 要素融入投资战略和决策，以降低风险、提高投资价值并实现全社会的可持续发展。目前，责任投资原则组织是全球最有影响力的 ESG 投资倡议组织。截至 2020 年，全球已有 3 500 余家机构加入责任投资原则组织，签约机构资产管理总规模超过 100 万亿美元。

ESG 投资在欧洲、美国等发达市场发展最为成熟，美国践行 ESG 理念的投资规模可达到资产管理总规模的 33%，欧洲达到 45%，主权财富基金、资产管理公司、基金公司、保险公司、养老基金等国际重要机构投资者均有参与。ESG 投资在股票市场中应用最广泛，在债券市场等固定收益投资领域关注度不高，主要作为机构投资决策的重要因子及 ETF（交易型开放指数基金）产品的被动跟踪标的。目前国际主流的 ESG 投资策略包括：负面剔除（在构建组合时剔除不符合 ESG 理念的行业或业务以及 ESG 评分较低的资产）、整合策略（将 ESG 因素纳入基本面分析或基于 ESG 评分分配投资比例）、优质筛选（同行业或同类型企业中投资于 ESG 表现优异的企业或资产）。

国际上 ESG 投资是一个环状的流程。发行人披露 ESG 信息、评级公司做出 ESG 评级、指数编制机构编制 ESG 指数、投资机构根据 ESG 评级和指数完成 ESG 投资决策。国际机构投资人一般将 ESG 研究纳入其信用研究的框架内，以太平洋投资管理公司为例，通过自有的 ESG 评分系统输入发行人 ESG 相关数据，参考外部 ESG 评级结果对发行人进行 ESG 评分，进而通过剔除、整合、筛选等策略做出 ESG 投资决策。此外，指数公司编制的 ESG 指数也衍生出固定收益等 ETF 产品，该产品将被动投资纳入 ESG 指数的债券。

国内 ESG 投资群体正在起步

国内 ESG 投资领域还处于发展初期。截至目前，中国平安、工银瑞信、招商基金等多家机构已签署责任投资原则。同时，近年来，随着监管机构的引导以及外国机构投资者的 ESG 投资偏好，ESG 投资理念得以推广，固定收益型理财产品和绿色证券指数产品快速涌现，国内银行、理财子公司、公募基金、保险公司均积极调整投资策略，建立专门的 ESG 研究团队，将发行人的 ESG 表现作为投资和风险控制的指标之一。

2018 年中国基金业协会发布《绿色投资指引（试行）》，明确基金管理人设立绿色主题基金或进行绿色投资时，应优先投向与绿色相关的企业和项目，主动适用《绿色债券支持项目目录》

等已公开的绿色标准。华夏银行 2019 年推出首只 ESG 主题的理财产品，重点投资绿色债券及 ESG 表现良好企业的债权类资产；兴业理财子公司发行 ESG 产品要求符合 ESG 筛选标准的固定收益类资产占比不低于 50%；华夏理财子公司将 ESG 因子分析作为投资分析的必要组成部分，并把 ESG 评价标准作为关键投资取舍指标，采取 ESG 指标一票否决制；公募基金如富国、兴业基金等均成立了聚焦绿色债券的 ESG 理念产品。此外，指数公司编制的 ESG 绿色债券指数，主要基于债券募集资金用途筛选样本券，与发行人主体无关，可引导指数投资基金直接投资符合标准的债券。目前，ESG 在国内债券等固定收益投资领域的应用仍属起步阶段，存在信息披露不充分、评级体系覆盖不足、指数编制不完善、责任投资群体匮乏等问题。

加强培育国内 ESG 责任投资群体

中国开展 ESG 投资是对接国际市场的重要举措，也是环境目标实现的重要保障。近年来，ESG 投资理念已逐步得到政府部门和相关机构的高度重视，但在 ESG 投资者培育和与国际接轨方面均有较大的改进空间。一方面，积极引导具有社会性质的资金发挥示范作用，不断强化机构的 ESG 投资理念。积极鼓励社保基金等公共资金以及养老基金、保险资金等长线资金开展 ESG 投资，并在对机构投资者评估评级时引入 ESG 因素，在境内培育更多 ESG 投资人。同时，加大与境内外社会责任投资人的沟通交流，积极引导和呼吁境外机构将 ESG 投资理念引入中国金融市场。另一方面，加强 ESG 理念宣介推广力度，通过定期公示优秀 ESG 投资人名单，加大对典型和优秀案例的宣传推广，激发市场活力，培育 ESG 投资人群体，形成发展 ESG 投资的广泛共识。

强化企业环境信息披露

国际市场环境信息披露要求

在全球范围，有不少国家和地区的资本市场形成了较为完整但各具特点的环境信息披露执行体系。大部分国家资本市场的环境信息披露要求归属于 ESG 信息披露，要求完全强制披露，部分国家或地区采取强制披露和自愿披露结合的方式，但对于不披露环境信息的，企业需要进行解释。目前，ESG 信息披露执行体系较为典型的国家和地区为美国、欧盟和中国香港。

美国环境信息披露的目的是加大对上市公司环境和责任问题的监管，形式上以强制披露为主。作为最早制定专门针对上市公司环境信息披露政策的国家，美国在 1934 年《证券法》中就规定上市公司须披露环境负债，以及遵循环境规制和其他法规导致的成本等内容，同时加大对上市公司环境问题的监管，推动可持续金融发展。

欧盟环境信息披露的目的是降低因疏忽环境、社会等要素给投资者带来的投资风险，形式上为强制与自愿结合的方式。欧盟企业环境信息强制披露制度以污染物排放和转移登记为主。欧盟在 2014 年修订的《非财务报告指令》中，首次将 ESG 要素列入法规条例，要求大型企业在披露非财务信息时将 ESG 信息纳入其中。自此，欧盟陆续修订了多项政策法规，对上市公司、普通企业、资产管理机构等做出 ESG 信息披露要求。2021 年 3 月，《欧盟可持续金融信息披露条例》开始生效，明确欧盟所有金融市场参与者需要遵循该条例，进行强制性 ESG 信息披露。具体来看，该条例从参与实体和产品两个角度对金融市场参与者和金融顾问提出了要求，并引入了重大负面影响的概念，即投资决策或建议可能对可持续性因素产生的负面影响。此外，条例也对不同的披露形式进行了要求，包括合同前披露、定期报告、网站披露等。

中国香港环境信息披露的目的是给资本市场提供真实、客观、有效、可比较的企业责任信息，形式上以强制披露为主。港交所于 2012 年发布了《环境、社会及管治报告指引》，开启了 ESG 信息披露之路，统一港交所上市公司的信息披露框架，让投资者更加客观地评价企业能力。

我国企业环境信息披露制度

早在 21 世纪初，国内相关部门尝试颁布一系列政策文件及指引，强制部分高污染企业并鼓励所有国内企业进行环境信息披露。2003 年 9 月，生态环境部发布公告，要求各地公布污染严重企业名单，名单内企业应定期披露包括环境保护方针、污染物排放总量、企业环境治理、环保守法、环境管理五方面的环境信息，并鼓励自愿披露包括企业资源消耗、污染物排放强度、环境的关注程度等八方面的信息。此后，随着国际 ESG 信息披露的发展、国内 ESG 投资理念的普及，关于企业环境信息披露的要求日益明确。2016 年七部委联合印发的《关于构建绿色金融体系的指导意见》，明确要逐步建立和完善上市公司及发债企业强制性环境信息披露制度。

2021 年 5 月，生态环境部印发《环境信息依法披露改革方案》，对推动形成企业自律、管理有效、监督严格、支撑有力的环境信息依法披露制度做出了系统安排。改革方案明确，对重点排污单位，实施强制性清洁生产审核的企业，因生态环境违法行为被追究刑事责任或者受到重大行政处罚的上市公司、发债企业等主体，应强制进行信息披露，并要求将环境信息强制性披露要求纳入企业债券、公司债券、非金融企业债务融资工具的信息披露办法，修订发债企业信息披露有关文件格式。同时，相关部门拟建立全国环境信息依法披露系统，集中公布企业环境信息依法披露内容，供社会公众免费查询，并要求因生态环境违法被追究刑事责任或受到重大行政处罚的上市公司和发债企业披露各类形式融资金额、投向等信息，以及融资所投项目的应对气候变化、生态环境影响和保护等相关信息。

上市公司环境信息披露的探索。2008年，上交所发布《上海证券交易所上市公司环境信息披露指引》（以下简称《指引》），指出上市公司应披露在促进环境及生态可持续发展方面的工作信息；《指引》明确，从事对环境影响较大行业的公司和被列入环保部门污染严重企业名单的上市公司两类主体应披露相关环境信息，具体包括环境保护防治、年度环境保护目标及成效、年度资源消耗总量、环保投资和环境技术开发情况、环保设施的建设和运行等方面。

2010年，环境保护部发布《上市公司环境信息披露指南》，以上市公司为对象，制定了环境信息披露指南，将环境信息披露对象由上交所上市公司扩大至上交所、深交所A股市场所有上市公司。2021年5月7日，证监会修订上市公司定期报告披露规则，在定期报告中新增第五节"环境和社会责任"章节。修订后，对重点排污企业和因环境问题受到行政处罚的企业的部分环境信息披露提出强制要求。具体内容为：属于环境保护部门公布的重点排污单位的公司或其主要子公司，应当披露包括排污信息、防治污染设施的建设和运行情况、建设项目环境影响评价及其他环境保护行政许可情况等七个方面的信息，所有公司应披露因环境问题受到行政处罚的情况。鼓励所有企业自愿披露有利于保护生态、防治污染、履行环境责任的相关信息，并强调鼓励所有企业自愿披露报告期内为减少碳排放所采取的措施及效果。

发债企业环境信息披露。目前发债主体环境信息披露要求散落在各个文件中，尚未建立全面、系统的环境信息披露制度。银行间债券市场的非金融企业债务融资工具，针对制药、钢铁、电力、水泥和住房租赁项目五类环境影响较大的发债主体明确了环境信息披露要求。交易所公司债在发行主体层面要求核查发行人诚信信息，并须在公司债募集说明书和尽职调查报告中披露发行人是否为环境保护领域失信生产经营单位。企业债在信息披露指引中未对环境信息披露做出相关要求。

抓紧完善企业环境信息披露制度

社会环境变化可能带来的系统性风险日益受到重视，强化ESG信息披露监管已成普遍共识。相对而言，中国资本市场发行人多是行业内的优质企业，公司治理相对健全，可以以资本市场为基础，进一步完善企业环境信息披露要求。

一是对于上市公众公司的环境信息披露，从鼓励自愿披露，逐步过渡到强制信息披露。信息披露内容包括有利于保护生态、防治污染、履行环境责任的相关信息，以及为减少碳排放所采取的措施及效果。

二是分步骤推动债券发行人环境信息披露，从强制特定债券发行人披露逐步过渡到全体发行人自觉披露。可强制要求重点排污企业定期、按要求披露环境信息，并要求因环境问题受到行政处罚的发行人披露相关信息，同时鼓励所有企业披露其他有利于保护生态、防治污染、履行环境责任等相关信息以及为减少碳排放所采取的措施及效果。未来，通过逐步持续引导更多发债企业披露环境信息，循序渐进地扩大为所有发债企业自主自愿披露环境信息。

规范国内绿色评估认证机构行为

绿色金融的核心内涵在于为绿色项目提供融资，能否实现环境目标往往是投资者最看重的，但受技术、信息和专业能力等因素制约，投资者很难对融资人的项目是否为绿色以及所融资金是否真正投向绿色领域进行判定。绿色评估认证能为绿色投资提供经济有效的筛选机制，是绿色金融持续健康发展的重要制度安排。

绿色评估认证的国际经验

绿色评估认证主要运用在绿色债券领域。国际资本市场协会在《绿色债券原则》中明确推荐外部审查（External Review）确认，并列举了四种不同的外部审查方式。

咨询机构审查（Consultant Review）。发行人可就绿色债券发行涉及的环境可持续性或其他方面，向咨询机构或认可的专业机构寻求意见，绿色债券发行中普遍使用的第二意见通常属于这类。目前，国际上提供第二意见的机构包括部分学术机构、传统的环境咨询和调查机构等，有代表性的是挪威国际气候与环境研究中心、Vigeo、DNV GL 集团、Oekom 研究中心、Sustainalytics 和 Trucost 公司等。总的来看，第二意见对于改善发行人信息披露、提高绿色债券透明度具有积极意义，但也有一定的局限性。目前，对第二意见出具的标准和流程没有公认的规则，第二意见仅代表独立机构对于绿色债券的看法，其报告也没有法律约束力，这就使第二意见对绿色债券的保证程度主要依据咨询机构的声誉。

鉴证（Verification）。发行人可以聘请有资质的机构（如审计机构），对绿色债券制度框架、标的资产等进行独立的鉴证。鉴证方式重点关注标的债券与发行人内部标准或声明的符合性。由于实施机构一般是审计机构，目前国际上采用的准则主要是《国际认证业务标准第 3000 号——除历史财务信息审计和审阅之外的认证业务》（ISAE3000）。此类方式的优势在于，鉴证过程可以和对发行人的常规审计相结合，有助于降低交易成本和发行成本；鉴证行为有相对统一的国际准则作为参考，相对于第二意见，可比性较强。但由于本质上类似于审计业务，因此，最大的局限性在于一般不对项目的环境效益进行审核。

认证（Certification）。发行人可以聘请有资质的第三方机构，对照外部绿色债券评估标准，对绿色债券、绿色债券框架、募集资金用途等方面进行认证。气候债券倡议组织开发了气候债券标准和认证机制（Climate Bonds Standard & Certification Scheme）。其主要包括：一是《气候债券标准》，对合格项目和资产的定义、气候债券认证要求、气候债券认证的保证水平以及不合规情况的处置等进行了规定；二是《鉴证框架》，对气候债券标准和认证机制的基本原则、治理结构、认证流程、核查机构资质、核查机构监管等进行了规定；三是《核查机构指引》，对核查机构准备、实施和报告核查业务所必须使用的评估方法和业务流程，核查机构保持公正性、处理利益冲突的管理等进行了规定。第三方认证方式的优势在于统一的评估标准和流程，有助于减轻认证机构对自身环境领域的专业知识的依赖程度，减少发行人、投资人和政策制定者的交易成本。但由于气候债券认证依赖于不同绿色项目领域更加细化的条件和标准，因此，对于正在制定、尚未发布的行业标准，不同行业的可用性和应用性会受到明显限制。

评级（Rating）。发行人可以聘请有资质的第三方机构，如专业研究机构或评级机构，对绿色债券及其相关制度框架进行评级。绿色债券评级适用于债券个体、绿色债券制度框架或流程，因而不同于发行人环境、社会及管理绩效评级（ESG rating）。

绿色评估认证的国内实践

中国绿色债券市场发展之初，有多家机构开展绿色债券评估或认证业务，在绿色债券评估认证方面进行了积极的理论和实践探索。但也存在评估认证内容差异、实施标准不统一、评估认证业务程序不规范、评估认证业务属性不清晰等问题。我国是全球首个由政府主导推出绿色债券的经济体，为减少评估认证市场自发竞争和形成规则所需的时间成本以及可能对绿色债券质量造成的潜在负面影响，人民银行会同证监会发布了绿色债券评估认证指引，对绿色债券评估认证业务进行了规范。

一是建立"优胜劣汰、有进有退"的评估认证机构管理机制。明确了评估认证机构开展业务的最低标准，要求符合该标准的评估认证机构应向绿色债券标准委员会进行备案。同时，要求符合标准的评估认证机构要向社会公开绿色债券评估认证方法、程序等，并且市场自律组织可定期对评估认证机构进行市场评价，供发行人和投资人参考。

二是明确涵盖发行前和持续期的评估认证业务总体框架。参照绿色债券四大支柱的基本框架以及各方对环境效益较为关注的实际情况，将评估认证内容划分为绿色项目合格性、项目筛选和决策、募集资金管理、信息披露与报告、项目环境效益五个方面。在此基础上，进一步将绿色债券评估认证分为发行前评估认证和存续期评估认证，其中，发行前评估认证侧重于发行人对绿色债券相关要求的准备情况，存续期评估认证侧重于发行人对绿色债券相关要求的落实情况。

三是明确评估认证业务实施规范。为确保评估认证业务的规范性，提高评估认证结论的可信度，明确认可的绿色债券评估认证业务程序清单、实施范围和证据形式，在此基础上允许评估认证机构根据绿色债券类型、募投项目特点、不合规风险水平、内部控制的有效性、所期望的保证水平等因素，灵活选择访谈、书面审查、实地探勘、征询专业机构意见等评估认证程序，合理地采取评估认证抽查方式。

四是规范评估认证报告格式，明确评估认证机构责任。针对评估认证报告中法律属性不清晰、结论类型和表述方式不统一的问题，借鉴 GBP 推荐使用外部鉴证方式以及气候债券标准主要采用鉴证框架的国际经验，将绿色债券评估认证业务主要明确为鉴证业务，即评估认证机构针对拟发行或已发行的债券是否符合绿色债券发行前或发行后的有关要求，发表独立鉴证意见。同时，进一步规范了意见类型，如"完全符合""基本符合""不符合"等。如果评估认证工作受到重大且广泛的限制，评估机构也可以发表"结论免责声明"。

在此基础上，人民银行、证监会推动交易商协会、上海证券交易所、深圳证券交易所等25家市场自律组织、基础设施和市场机构成立了绿色债券标准委员会，对评估认证机构进行具体管理，包括市场化评议、评估认证机构备案、加强对评估认证机构的执业检查，督促评估认证机构进行信息披露，接受市场监督和检验，以形成一定的声誉约束，敦促其规范开展评估认证业务。

第五章

中国要成为转型金融的积极探索者

转型金融尽管在国际上处于刚刚兴起的阶段，但已经吸引了全世界的目光。在支持全球低碳转型发展方面，绿色金融起步更早，也更为大家所熟知，但随着《巴黎协定》通过了应对气候变化的雄心勃勃的目标，各国普遍认识到，仅依靠绿色金融筹集资金远远不够，必须要支持高碳产业逐步低碳化。2017年国际市场上出现"转型"贴标债券，2019年起转型金融的相关概念开始被讨论。对于中国而言，考虑到能源结构面临特殊困难，推动转型金融发展对处理好低碳转型与经济增长、社会稳定之间的关系具有十分重要的意义。中国已经在转型金融产品创新上取得了积极进展，只要继续扎实推动，有望在转型金融领域再次引领未来的发展。

转型金融对中国实现"双碳"目标尤为重要

中国作为能源结构偏煤炭、第二产业占比高、能源效率偏低和油气消费对外依存度较高的大型经济体，需要理性、务实地选择"双碳"实现路径，高排放高耗能行业、煤炭和煤电的产能退出步伐应稳妥渐进。发展转型金融对我国来说，有着现实需求和重要意义。

第一，能源禀赋"先天不足"，高度依赖煤炭。我国长期以来的资源结构为"富煤、贫油、少气"。2020年，煤炭占总的能源消费比重超过50%，煤炭的主要消费行业集中在火力发电、冶金、水泥建材和化工等。因此，对我国来说，实现"双碳"目标是一项需要系统性规划的工程，不可能通过"运动式"减碳一劳永逸。欧洲作为低碳转型的全球先行者，快速推动能源系统去煤、去核，导致发电部门严重依赖俄罗斯的天然气和风电，目前欧盟仍在探讨是否将天然气及核能纳入其可持续分类目录中。

第二，产业结构偏重，第二产业占比高于发达国家。根据CEIC数据，2021年9月，欧盟三大产业占比分别为2%、25%和73%，而我国为8%、39%和53%。根据世界银行数据，2020年，欧盟工业增加值占GDP比为22%，中国约为38%，高于中高等收入国家34%的平均值，也高于中等收入国家32%的均值。通常，碳排放的主要来源为第二产业，特别是第二产业中的工业。因此，从中国产业结构来看，化学制品、水泥、钢铁等高碳产业是未来经济发展的关键投入要素，且没有绿色的替代方式，即使碳中和实现之后，这些高碳行业也难以完全退出。

第三，能源效率偏低，单位GDP能耗相对较高。虽然我国单位GDP能耗逐年下降，从1980年的843克/美元下降到2017年的152克/美元，表明我国与自身相比能源利用率显著提升，但仍高于127克/美元的世界平均水平，是英国的两倍多[①]。根据

---

① 数据来源：中国民生银行《中国与世界主要经济体发展对比启示及政策建议》。

美国能源局的统计，2019年中国的单位GDP能耗高于美、英、法、德、日、韩（表5-1）。

表5-1 2019年主要国家的单位GDP能耗

国家	1 000英热单位/2015年购买力平价GDP（以美元计）
中国	6.555 113
韩国	5.745 519
美国	5.040 497
日本	3.542 358
法国	3.481 395
德国	3.236 045
英国	2.704 96

数据来源：美国能源局网站。

国际上转型金融的概念、界定标准及主要产品工具

转型金融的概念

"转型金融"（Transition Finance）最早由OECD在2019年提出，最初的概念较为宽泛。在经济主体向联合国17个可持续发展目标转型的过程中，为它们提供融资以帮助其转型的金融活动属于转型金融。但此后的国际组织和监管机构提出的转型金融概念更偏向于减缓气候变化的低碳转型。在国际组织层面，气候债券倡议组织等国际组织从操作层面提出了转型金融对应原则和框架；在监管机构方面，日本专门发布了《气候转型融资基础指南》，欧盟、马来西亚和新加坡在绿色金融相关分类方案等文件

中对"转型活动"进行了分类。

转型金融现在主要指对碳密集产业低碳转型的金融支持，并且要对长期气候目标有"相当贡献"。对于转型金融的定义而言，重要的不仅仅是碳排放量，碳下降速度也非常重要。为了进一步说明，通过图 5-1 予以展示。转型活动可以视为两个变量的函数，纵轴反映了现在的碳排放量，横轴反映了碳排放量的下降速度。如果将经济活动分为绿色活动、转型活动与棕色活动，那么，绿色活动对应图中左下角的部分，碳排放量很低，为零碳或近零碳活动，或者经资金支持后能很快转化为零碳或近零碳活动；转型活动对应中间的部分，初始的碳排放量很高，但在转型速度达到一定水平，经资金支持后可以逐步转化为低碳活动；棕色活动对应右上角的部分，不仅初始的碳排放量很高，转型速度也很慢。

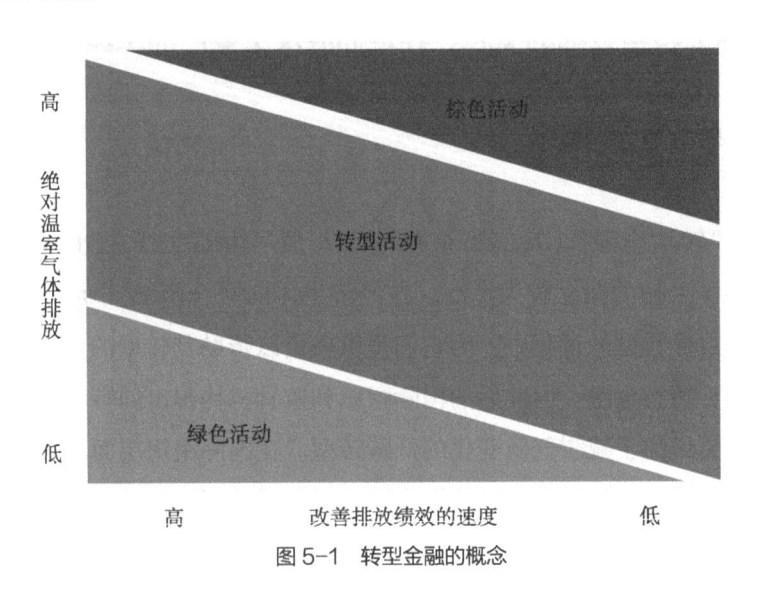

图 5-1 转型金融的概念

总的来看，转型活动是介于绿色活动与棕色活动之间的类别，将其与纯粹的棕色活动区分开是一个复杂而关键的问题。绿色活动的定义比较清晰，肯定符合《巴黎协定》设定的目标。但转型活动与棕色活动同属高碳经济活动，将两者区分开来，比界定绿色活动复杂得多。因此，如何界定转型活动与转型金融，防止出现类似"洗绿"的风险，是现在转型金融领域的紧迫问题。

转型金融的界定标准

哪些活动属于转型金融支持的对象，是转型金融政策框架的核心问题，目前有关各方正在积极研究。不少国家政府、市场机构、行业协会、智库发布了转型金融的基本框架，对转型金融提出了分类、原则和指南。总的来看，国际上对转型金融的界定标准尚未统一（表5-2），不同国家提出的要求有所差异，但可以梳理出一些共同的核心要素。一是不可替代性。出于技术限制或者经济成本的考虑，该经济活动没有可行的绿色替代方案。二是对碳排放轨迹的明确承诺。企业要制定长期的转型战略，排放轨迹必须是科学的、可量化的，要与全球或者国家的长期转型目标一致，主要是《巴黎协定》或其项下的国家自主目标。三是避免碳排放锁定。如果未来出现可行的绿色替代方案，现在提供的支持不应成为未来替代方案的阻碍。四是转型金融可适用于主体或具体活动。"转型"标签既可以用于经济活动或资产层面，也可以用于主体层面。此外，一些界定条件也被较多国家或者组织采纳，比如，企业或经济活动的减排绩效要超出行业平均水平。

表 5-2 转型金融各类界定标准比较

			转型金融的边界条件
政府	日本	气候转型金融原则概念文件	• 从技术上或经济效益上，在可预见时间内去碳化不可行 • 向《巴黎协定》过渡，并根据《巴黎协定》确定每个签署国家的减排目标
		气候转型融资基本指南	• 发行人必须制定一个具有科学目标的转型战略 • 根据 ICMA 转型金融手册以及绿色、社会、可持续发展等债券原则（视情况而定），满足披露要求
	马来西亚	气候变化和基于原则的分类法	• 企业必须证明和承诺向可持续运营转型
	欧盟	欧盟可持续金融分类方案	• 没有技术或经济可行的绿色替代方案 • 表明可以带来超越行业的表现 • 避免锁定碳密集型资产或工艺 • 不得妨碍未来部署绿色替代品
	俄罗斯	绿色与适应项目分类	• 必须为《巴黎协定》或《联合国气候变化框架公约》指定的可持续发展目标做出贡献 • 必须遵循以下条件之一：环境改善；减少污染；温室气体排放减少；提高能源效率 • 项目必须包含在《绿色与适应项目分类》中和满足定性或定量标准
	新加坡	分类法	• 转型活动不得有绿色替代方案 • 借款人必须证明有助于实现环境目标
市场参与者	星展银行	可持续和转型财务框架和分类学	• 资产必须根据《巴黎协定》的路径，在遵循 IEA（国际能源机构）可持续发展方案的指导下，取代更多碳密集型产业 • 借款人必须在过去 12 个月内证明以下情况之一：从碳密集型活动中撤资；通过收购绿色企业，或对社会有益的企业，或通过研发实现碳强化活动的多样化；通过证明排放强度的降低超过国家或地区行业平均水平来实现脱碳
	安盛投资管理公司	转型债券指南	• 经济活动必须在预先指定的转型活动范围内 • 借款人必须有明确的气候转型战略。管理层必须承诺将业务运营与《巴黎协定》的目标保持一致

续表

			转型金融的边界条件
市场参与者	ICMA	转型金融指南	• 制定长期公司战略，管理气候相关风险，并转变商业模式，使其与《巴黎协定》的目标一致 • 必须寻求转型融资，应用于核心业务运营的转型 • 转型轨迹必须是科学的、可量化的 • 支持转型战略的资本和运营支出必须与其预期的气候相关影响进行对接
智库	CBI	白皮书	• 经济活动／企业实体追求的目标和轨迹与2030年的排放量减半、2050年近零排放一致 • 经济活动／企业实体追求的目标和轨迹必须基于全球情景，并有科学证据支持，以确保部门和行业层面的全球协调 • 可靠的转型目标和路径不计算抵减部分 • 技术可行性比经济竞争力重要，转型路径必须包括对当前和预期技术的评估 • 可靠的转型由运营指标支持，而不是承诺在未来某个时候遵循转型路径
智库	日本环境金融研究所	转型金融指南	• 借款人必须在高碳部门或者碳密集型行业 • 资产／技术不得锁定长期排放或对环境的负面影响 • 资产或公司必须符合棕色分类法指南
国际金融机构	欧洲复兴开发银行	绿色转型债券框架	• 资产必须符合实施公司的气候治理战略 • 资产必须有助于实现其所在国由《巴黎协定》规定的国家目标 • 资金必须用于以下一项或多项：能源效率；资源效率；可持续基础设施 • 项目的脱碳或资源效率绩效必须超过行业平均水平

资料来源：OECD Environment Working Papers No. 179。

第一，欧盟。在《欧盟可持续金融分类方案》中，界定转型活动的主要标准包括：不可替代性、避免碳排放锁定、减排绩效要超越行业水平。其中，减排绩效超越行业的表现具有量化属性，是比较关键的标准。

第二，气候债券倡议组织。气候债券倡议组织在白皮书中提出转型金融政策框架，希望能在全世界推广，总体是一个比较严谨规范、具有全球视野的界定标准。主要包括：经济活动/企业实体设定的转型目标与转型路径应与《巴黎协定》的1.5摄氏度控温目标一致，国家自主贡献的目标是不够的；经济活动/企业实体设定的转型目标与转型路径要基于全局并经过科学测算，有助于实现整体的减排目标；可信的转型目标和转型路径不应考虑碳抵减部分；重要的是技术可行性而非经济考虑，转型路径包括对当前和预期技术的评估；可信的转型应由运营指标支持，而不是基于承诺或者政策。

第三，日本。2020年3月，日本发布了一份关于转型金融的概念文件，并在2021年5月发布《气候转型融资基本指南》，对概念文件进一步补充。转型金融的主要界定标准包括：不可替代性、与《巴黎协定》下的国家自主目标相一致、制定一个具有科学目标的转型战略、满足ICMA转型金融手册等的披露要求。日本认为，转型活动应取决于国内背景和设立的排放目标，是有区域差异的，不应全球统一，这与气候债券倡议组织的理念有差异。

第四，马来西亚。2019年12月，马来西亚央行发布了气候变化和基于原则的分类法草案，对转型活动做出相应规定，包含系列核心指导原则，并提供一份示例清单。值得注意的是，马来西亚没有提出单独的转型标签或明确要求对标任何特定的排放轨迹。但从文件的背景来看，转型金融要有助于实现《巴黎协定》下的国家目标。马来西亚的分类法没有提供技术筛选标准，而将这项工作留给第三方认证机构。

转型金融的产品工具

在行业实践层面，国际组织和各国提到的转型金融具体实践包括两类。第一类是针对实体整体转型的金融产品。如果一个企业符合"转型"标签，相关的股权投资、一般债券、可持续发展挂钩贷款（SLL）、SLB均属于转型金融产品。第二类是针对经济活动转型的金融产品。如果一个高碳产业的经济活动符合"转型"标签，该经济活动对应的贷款、资产支持证券、转型债券均属于转型金融产品。如《欧盟可持续金融分类方案》涵盖了部分尚不属于绿色低碳的经济领域和活动，但经技术筛选标准认定为在未来可向低碳转型。

近年来市场已开始探索转型金融产品。在固定收益融资领域，常见的转型产品包括可持续发展挂钩贷款和可持续发展挂钩债券，其募集资金用途不受限制，但采用了浮动利率等方式建立对企业的转型激励。2021年上半年，全球SLB发行量呈指数增长，达到329亿美元。此外，概念相对模糊的转型债券在海外市场也开始出现。据不完全统计，2017年以来，全球市场共发行30笔转型债券，单笔金额在1亿~8亿等值美元，发行人所处行业涵盖能源、金融、基础设施及航空等，发行期限2~10年，发行货币包括美元、欧元、人民币及日元。在股权领域，由于部分高碳企业也面临杠杆率过高和战略资源不足的问题，因此各类股权和混合型投资工具，特别是私募股权（PE）和风险投资（VC）等风险包容性较大的资金来源，以及并购基金、债转股、夹层投资等创新工具也在进行转型产品的探索。

转型金融的固定收益产品通常有两个核心特征。一是发行时存在溢价。企业转型产品的融资利率要低于其他金融产品的利率，产生溢价的主要原因是超额认购，是由投资者的旺盛需求带动的。有研究表明，这个溢价在转型债券进入二级市场后会明显缩水，这与绿色债券的研究结论比较一致，说明溢价不是对转型风险的定价体现，更多源自投资者的社会责任意识。二是产品结构中嵌入处罚机制。在可持续发展挂钩的贷款或债券中，都设置了完不成规定目标会触发的处罚机制，主要有三种类型：利率递增（最常见）；溢价支付；购买碳抵消额度义务。处罚机制可以对发行人起到很强的激励作用，积极推动企业减排。

转型金融的作用

首先，转型金融可扩大对气候变化相关经济活动的支持面。一个经济体中，绝大部分的经济活动都是排碳甚至是高碳的。一些高碳的产业，例如化学制品、水泥、钢铁等是未来经济发展的关键投入要素，且没有绿色的替代方式。高碳产业可通过在合理的时间进度里推动实施低碳、零碳解决方案，或是逐步减少现存经济活动转向采用更低碳的替代方案来实现转型。例如，在水泥、钢铁、塑料制品和铝行业，通过优化材料使用效率和循环利用，能减少 40% 的碳排放。金融对气候目标的支持作用不应局限于低排放的经济活动，还应支持高排放、难减排行业的减排技术、减排流程优化，逐步向低碳替代方案过渡。

其次，转型金融可以对绿色金融形成补充，避免道德风险。绿色金融在支持实现气候目标方面存在局限性，转型金融可以起到一定的补充作用。一是绿色金融可以支持绿色产业和项目融资，但资金用途受到限制，而传统行业通常缺乏专门的绿色项目可供选择，难以通过绿色债券等方式进行融资。而转型概念及其标签不局限于募集资金用途，适用于所有实体及其所进行的经济活动，框架范围更广。转型金融具有更大的灵活性、更强的针对性、更好的适应性，不受绿色金融概念、标准、分类的限制，在支持实体经济实现能源结构转型的范围和规模上，可以有非常大的突破。二是绿色金融标准严格，出现过石油、天然气公司发行绿色债券而招致市场批评的情况。给予绿色金融市场上有争议的发行主体另外的融资标签，可以减少"洗绿"的风险，保持绿色金融的"纯洁性"。

再次，转型金融可满足投资者对可持续金融产品的投资需求。总体来看，低利率和央行的量化宽松政策持续推高投资者对各类债券的需求，对注重可持续性的债务工具的需求也持续增加，贴有ESG、可持续性和可持续发展目标等软标签的基金的数量一直在增长。与此同时，转型金融产品的代表——可持续发展挂钩债券在欧洲既可作为央行抵押品，也可作为资产购买计划和疫情应急计划的资产，因此也受到主流投资者的青睐。根据法国外贸银行对75家投资人的调查，其中，75%的投资人对棕色产业转型有投资兴趣，56%的投资人表示将会投资可持续挂钩金融产品。

最后，转型金融可防范传统行业因预期调整而诱发的短期风险。在碳中和目标下，短期会给使用化石能源的部分行业的未来发展带来不确定性。转型金融可以有效匹配拥有明确转型目标的企业融资需求，有效激励企业付出切实有效的节能降碳行动，助力其技术升级，进而推动行业层面的平稳有序与可持续发展，避免资产搁浅带来的风险。

转型金融的发展方向

一是根据各国国情探讨转型金融概念、标准和分类。现有的国际文件并没有给转型金融以明确的定义,而是确定主要的原则和框架,其主要原因是希望能在给予转型金融一个限制的前提下,为社会提供更加宽泛的概念,使转型金融能更灵活地适应不同国家和社会的需要。在国际范围给予转型金融足够空间的同时,国家也应根据自身现有条件和产业结构,因地制宜,量身定制符合国情的转型金融体系和低碳、零碳转型步调。需要进一步考虑产业发展水平差异,在转型行业设定有差异的门槛指标,这样有助于更大范围地调动不同发展水平的行业开展转型行动,提升转型金融对实现各自自主贡献目标的支持水平。

二是通过优化机制设计保障信息披露和利益相关方的责任管理,提升投资者积极性。投资者对可持续发展挂钩债券和转型债券主要的担忧,集中在实体提出的转型路径的相关性、可靠性和雄心。如果设定的KPI(关键绩效指标)只针对特定实体,难以与同行或更广泛的目标(如《巴黎协定》的目标)进行基准比较,并且投资者担心其中一些发行是"新瓶装旧酒"。转型金融须建立明确的技术规范和约束框架,如低碳或可持续发展目标、目标实现路径和考核评价指标等,保障目标制定的合理性以及指标测算的准确客观性,进一步保证披露信息的透明性和真实性。同时,严格规范第三方评估认证机构以及相关责任人对债券发行的外部认证工作,通过科学量化的核算方法,真实、准确、公开的评估流程以及明确的责任分担机制，保障认证内容的市场可信度。

三是转型金融的政策引导和激励措施。政府可通过相关激励措施促进转型金融的发展，措施可包括审批绿色通道、税收减免等。特别是可以考虑允许高碳行业提前报废搁浅资产。自2021年起，与SDG（联合国可持续发展目标）或欧盟分类目录目标挂钩的SLB既可作为欧盟范围内的央行抵押品，也可作为资产购买计划和疫情应急计划的资产。政府补贴政策应当转变"补在上游，流入下游"的现象，将补贴真正作用于上游厂商，补偿上游企业过度承担的低碳成本，通过价格转移使下游负担转型成本。我国可扩大绿色金融的支持范围，将GSS（绿色、社会和持续发展）债券与SLB等转型产品也纳入激励机制中。

转型金融的欧盟实践

虽然欧盟、马来西亚、新加坡及日本等经济体相关监管机构发布了关于转型经济活动相关分类方案的政策文件，但仅有欧盟针对转型金融提出了较为具体的实施机制，并相应配套设计了融资计划。

欧盟建立转型金融机制的相关背景

欧盟针对其"2050年气候中和"的目标，制定了系列制度性文件，包括描绘欧洲绿色发展战略的总体框架的纲领性文件《欧盟绿色协议》、将气候中和目标写入法律的《欧盟气候法》和引导机构投资者以及私营资本开展可持续金融投资的《欧盟可持续金融分类方案》等。

在制度性文件的制定过程中，由于欧盟各成员国在资源禀赋、能源结构方面存在差异，在实现欧盟总体气候目标方面起点不同，需要付出的代价和面临的挑战也不同，欧盟内部出现分歧。以波兰、匈牙利和捷克等为代表的严重依赖化石燃料的东欧国家，曾对"2050年气候中和"承诺发起强烈抵制，呼吁欧盟不要一概而论地制定气候政策。例如，波兰国内80%的能源依赖煤炭，在达到气候目标方面成本更高，且可能面临失业带来的负面社会影响。该国希望欧盟允许严重依赖化石燃料的经济体在2050年以后拥有"额外时间"向绿色能源过渡，并希望获得大量欧盟投资贷款和赠款。

为达到欧盟整体气候目标、调和内部矛盾，欧盟通过两个方面的做法，针对性地支持高度依赖化石能源和碳密集生产过程的行业和地区进行低碳转型。一是将转型经济活动纳入可持续金融分类中，在《欧盟可持续金融分类方案》中将具有转型潜力的经济活动纳入支持范围，引导私营资本投资该类经济活动。二是政府调动公共资金作为融资配套支持，在《欧盟绿色协议》中提出"公正转型机制"。以各个成员国在低碳转型方面的条件不同和受影响不同为出发点，关注面临最大挑战，即碳密集产业集中的地区、产业和劳动者，为符合条件的成员国的相关项目提供融资渠道支持，确保"不让任何一个人掉队"以实现"公正"。

欧盟转型经济活动的定义

2019年6月欧盟委员会发布《欧盟可持续金融分类方案》

（EU Taxonomy）（以下简称《分类方案》）为可持续性的经济活动建立了一个欧盟分类体系，即明确具有环境可持续性的经济活动类。第一类"对减缓气候变化有实质性贡献"分为三个子类，包括近零碳活动（绿色活动）、转型类活动和辅助类活动。其中，转型类活动指目前没有达到近零碳排放，因经济或技术上的限制没有绿色替代方案，但在未来可以为应对气候变化做出重大贡献的活动。这些活动必须有显著低于行业平均的碳排放水平。

《分类方案》虽给出"转型活动"的定义，但未对具体某项活动属于绿色或是转型等逐条进行详细说明。经总结，其判断高碳排放行业的经济行为是否属于转型类活动的判断标准为：一是所在行业或生产流程被认为具有减排潜力；二是即使行业整体碳排放较高，只要单个活动的碳排放量低于设定的定量标准，也可被纳入——并非"绿色"标准下的"绝对"低碳，而是高碳行业里的"相对"低碳；三是碳排放的定量标准大多以 EU-ETS 基准为参考值，即参考欧盟范围内生产某类产品的装置中，单位产品碳排放最少的 10% 的装置的排放量平均值，该基准动态更新，用于计算年度碳配额。

以水泥制造行业为例，根据《分类方案》，水泥生产相关活动被纳入"可持续性"经济活动的，可按企业类型分为两类。一是只生产水泥熟料、不生产成品水泥的工厂中符合排放标准的生产：具体排放低于相关 EU-ETS 基准的值。截至 2020 年 2 月，EU-ETS 水泥熟料生产排放标准的基准值为 0.766 吨 CO_2 当量/吨熟料。二是其他水泥厂符合排放标准的生产：与熟料和水泥生产过程相关的具体排放低于 0.498 吨 CO_2 当量/吨水泥或替代黏结剂。而我国《绿色债券支持项目目录》中水泥制造相关项目仅包括"水泥行业脱硝技术改造",不包括水泥生产活动本身。

《分类方案》一方面为政策制定者、行业和投资者提供了实用性的参考标准,使投资者更容易识别可持续金融市场投资机会,有助于引导私营领域的资金投向"转型"类经济活动。另一方面,欧盟要求各成员国、欧盟地区合格金融市场参与者、超过 500 人非金融公司,以及需要提交非财务报告的非金融公司按照《分类方案》披露各类项目的投资情况。其中,金融机构自 2021 年起的非财务信息报告将覆盖该披露内容,非金融公司将在 2022 年起开始披露。总的来看,《分类方案》增加了投资的透明度,不仅可以为企业、居民和公众提供清晰的指引,还可以降低不确定性;对于投资人来说,更多的持续投资意味着对气候变化风险披露的更高要求,久而久之,未能披露其气候变化风险的企业可能会危及商誉。

公正转型机制为成员国提供公共资金配套支持

公正转型机制是通过《欧盟绿色协议》建立的国家层面支持机制。受转型影响较大的成员国可向欧盟委员会提交申请,认定为"公正转型地区"的国家将可获得包括赠款、优惠贷款等形式的公共资金配套支持。

三大融资支柱资金来源

公正转型机制下设立的公共资金支持称为三大"融资支柱",分别是公正转型基金、"投资欧洲"专项转型计划(Invest EU)以及欧洲投资银行的贷款安排。一是基于欧盟公共预算建立的公正转型基金。公正转型基金已于 2021 年 6 月正式建立，2021—2027 年的总预算为 175 亿欧元，来自欧盟财政预算和欧盟发债融资，主要用于向成员国提供赠款。二是基于"投资欧洲"基金的专项转型计划。它是欧盟跨年度财政预算框架内促进公私投资的计划，将整合现有的欧洲战略投资基金（EFSI）和其他 13 项金融工具，成为欧盟提供投资支持的唯一途径。EFSI 不占用欧盟财政预算，利用担保等方式以小额资金带动投资。"投资欧洲"基金于 2021 年 3 月获欧洲议会通过，意在凭借少量欧盟预算撬动大量私营领域资金，向基础设施、研究创新、中小企业、人力资本四个领域提供战略投资，其中 30% 用于推动实现气候目标。三是由欧洲投资银行提供的公共部门贷款安排。贷款资金包括来自欧盟预算的 15 亿欧元和来自欧洲投资银行的 100 亿欧元，将面向公共部门提供优惠贷款，预计可动员 250 亿~300 亿欧元的投资。

成员国获得支持的条件与范围

为了申请获得公正转型机制下的融资支持，成员国必须提交本国的"公正转型计划"，由欧盟委员会根据成员国受转型影响的程度，决定其是否符合支持条件。一般来说，煤炭、褐煤、油页岩和泥炭的生产地区，或拥有碳密集型产业的地区，是欧盟委员会认为受转型影响较大的地区。公正转型计划中须概述该国为实现"2050 年气候中和"目标所做的转型计划，计划内容截至 2030 年，说明转型对国家社会、经济和环境方面的挑战，并详细说明在经济多样化、劳动力再培训和环境恢复方面的拟采取措施和资金需求。

如果公正转型计划获得批准，则该国成为"公正转型地区"，三大融资支柱均对其开放，但在支持范围上有所区别。

一是从《分类方案》的适用性看，《分类方案》适用于私营领域的投资，因为公正转型计划2021年才启动，欧盟尚在探讨《分类方案》如何适用于公共领域。在三大融资支柱中，欧洲投资银行的贷款仅面向公共领域，支持不产生足够现金流、无法获得其他渠道融资的项目，而公正转型基金和"投资欧洲"没有仅投资公共领域的限制。

二是从支持项目的类型看，公正转型基金仅支持公正转型地区经济的多元化和现代化，及减轻转型对相应地区就业的负面影响。支持的典型项目包括清洁能源技术、中小企业发展、环境恢复、劳动力技能再培训、就业援助等。"投资欧洲"和欧洲投资银行贷款还支持能源相关基础设施建设，例如地区供热项目等，范围更广。

三是从项目的地域限制看，公正转型基金仅支持公正转型地区当地的项目，而"投资欧洲"和欧洲投资银行贷款除支持公正转型地区之外，也可使公正转型地区在转型方面受益的项目得到支持，例如交通运输等加强区域间能源互联互通的项目。

四是从融资额度看，公正转型基金对成员国层面有拨款标准，拨款额度的确定具体考虑成员国的潜在失业、劳动力重新培训需求、国家经济发展水平及投资能力等。"投资欧洲"和欧洲投资银行贷款作为公正转型基金拨款的补充，无明确额度限制。

中国转型金融的实践进展与下一步发展

SLB 的创新发展

国际上，SLB 的实践最早出现于 2019 年的欧洲。ICMA 在 2020 年 6 月推出指导性文件《可持续发展挂钩债券原则》，为此类债券提供了具体的指导标准。截至目前，SLB 累计发行总额约 180 亿美元，发行人包括公用事业、电力、钢铁、水泥、建筑等多个行业，如希腊公共电力、拉法基集团等。

为了助力中国实现"30·60"目标，中国银行间市场交易商协会在国内最早推动转型金融实践，在债券市场创新引入 SLB，取得了积极的成效（表 5-3）。中国银行间市场交易商协会推出的 SLB 是指将债券条款与发行人可持续发展目标挂钩的债务融资工具，并由第三方机构对挂钩目标定期验证，若发行人未在目标年份达到预设目标，则对债券条款进行调整，如调整票面利率、提前赎回等。2021 年 5 月 10 日，首批 7 单可持续发展挂钩债券完成发行，发行金额合计 73 亿元，第三方机构为联合赤道、中诚信绿金、中债资信、绿融投资，其核心要素主要包括以下几点。

一是挂钩目标与企业转型或未来发展具有较强关联性，且与"一切照常"的运营情景相比有明显改进。首批项目挂钩目标涉及企业单位产值能耗值、供电标准煤耗值以及清洁能源年度装机容量等多项指标，例如，中国华能设置"2023 年末，发行人甘肃公司可再生能源发电新增装机容量不低于 150 万千瓦，明显高于过往三年历史数值"；陕煤集团同时设置"吨钢综合能耗、火电供电标准煤耗、新能源装机规模"三个指标作为挂钩目标，充分显示企业实现可持续发展目标的决心和雄心。

表 5-3 中国银行间市场交易商协会四个子类可持续发展主题债券产品

类别	债券名称	资金用途	债券结构
募集资金用途债券（UOP Bond）	绿色债券	全部资金用于对环境有明显收益的项目	无特殊结构
	社会责任债券	全部资金用于对社会有明显收益的项目	无特殊结构
	可持续发展债券	全部资金用于对环境或对社会有明显收益的项目	无特殊结构
一般用途债券（GCP Bond）	SLB	一般用途	将债券条款与发行人可持续发展目标相挂钩

二是债券条款须与关键绩效实现情况挂钩，对发行人形成约束。根据发行人预设的 KPI 完成情况设置产品结构，达到预期环境效益目标，可正常还本付息；如发行人未达到预期目标，可根据实际情况对债券利率、期限、规模等进行调整。根据首批项目发行规模测算，若发行人未实现预期目标，则投资人可额外获得 60 万~300 万的利息收入或提前 1 年收回本金，同时，此机制对发行人形成了有效约束。

三是建议发行人聘请第三方机构评估和验证，明确约定各方权责义务，实现指标测算结果准确客观。注册环节建议聘请第三方机构开展评估认证，存续期必须聘请第三方机构就挂钩目标进行验证。首批项目全部聘请第三方机构开展发行前评估和发行后定期验证，持续跟踪挂钩目标的实现情况。同时，发行人与第三方机构明确各方权利义务，实现权、责、利对等，通过合同约定和信息披露，督促各方专业、客观、公正地开展相关工作。

四是强化信息披露要求，实现碳减排等环境效益信息及时准确披露。鼓励发行人和第三方机构按照"可计算、可核查、可检验"的原则，根据企业实际情况并结合相关监管机构公布的测算方法进行预测，明确挂钩目标所带来的二氧化碳减排等环境效益，并实现碳减排等环境效益信息及时准确披露。例如，根据红狮集团产能预测，若实现挂钩目标，2023年企业可实现节约标准煤27.35万吨，减排二氧化碳60.43万吨。

拓展中国转型金融的发展空间

转型金融在国际上刚刚起步，但其政策框架比绿色金融更为复杂。毫无疑问，中国转型金融未来发展空间很大，但从目前来看，还有很多基础性工作需要去推动。

一是要根据我国国情确定转型金融的标准，研究制定分类目录，尽快建立转型金融的政策框架。具体而言，哪些行业及经济活动可被认定为转型活动，如何认定转型的效果及其合理评估等。在这之前，要尽快确定我国碳达峰、碳中和的路径安排，在此基础上清晰化各行各业的转型路径，然后才能更好地确定转型活动分类，并为发行人和投资人判断转型活动提供清晰的信息。

二是注重主体层面的转型目标和路径，并通过优化信息披露和评估认证机制强化监督。主体提出的转型目标及其路径的合理性、可实现性和公信力，及其转型效果的评估对转型金融的高质量发展至关重要。若转型主体设定的目标难以与大的气候目标（如《巴黎协定》的目标）进行基准比较，抑或是设置了一个较低标准的目标,则不能发挥转型金融的作用。转型金融不仅需要经济行为的技术规范,还需要保证主体层面的转型目标和路径符合标准。

三是继续推动转型金融产品创新,设计与特定项目或特定公司相符合的KPI指标,调动对关键行业的投资。投资者了解接受新产品需要一定时间,国内公共机构需要更多地参与发行及投资转型金融工具,包括政策性金融机构、养老基金等。

四是引导金融机构强化环境风险定价,使转型金融具有"自力更生"的生存发展能力。转型金融与绿色金融目前主要是政策驱动、社会责任意识驱动,未来要转向环境风险定价的内生驱动,使转型金融具有商业上的真正溢价。首先,企业要按照标准化模板强制披露商业模式中的转型风险,为投资者提供充分的信息,提高转型风险定价的有效性。其次,要建立完善的碳定价框架,向社会释放准确的价格信号,为金融机构提供信用风险分析框架的关键参数。最后,金融机构要修改风险管理实践,超越短周期投资思维,将风险偏好、投资范围与长期气候风险相协调。

五是要循序渐进地制定转型金融的政策引导措施及风险防范机制。在政策引导层面,强化产业、财税、金融、投资和转型政策的协同配合,引导市场各方主动开展转型金融服务。对转型金融产品可以给予适当税收激励,也可建立专项支持项目。同时,做好转型风险防控工作,动态监测碳价波动等场景下对高碳资产的减值影响,指导金融机构开发与转型风险相关的压力测试工具,做到精准测试与应对。

第六章

积极参与低碳转型的国际博弈

全球低碳发展需要集体行动。从20世纪八九十年代低碳发展上升为全球性重要议题开始，就没有能够绕开国际博弈问题。早期各国主要围绕责任分配展开博弈，现在随着低碳发展逐步落实到行动上，又开始围绕碳边境调节机制、全球碳市场连通等领域展开博弈。总而言之，国际博弈不会随着一些问题取得共识而消失，只会不断扩展到新的领域。我国作为全球重要的发展中国家之一，近年来碳排放量增长很快，面临的国际舆论压力很大，必须积极参与到全球减排行动中；同时，我国作为发展中国家，发展仍是第一要务，实现民族复兴与共同富裕需要维持一定的经济增速。我国必须高度重视低碳转型中的国际博弈问题。

全球气候治理演进就是一个博弈过程

气候变化在经济学上是一个"公地悲剧"问题

气候变化问题是一个大型的"公地悲剧"。"公地悲剧"是指在没有明晰产权的情况下，所有人都倾向于滥用公共资源，最终损害整体利益，如公共草场的破坏、公共河流的污染等。地球的大气层就像一块"公地"，全球各国出于生存或发展的需要都有向大气层排放温室气体的诉求，但大气层对于温室气体的承载量是有限的。单个国家排放温室气体的收益是自己享有的，而造成的伤害是由全球承担的，没有任何国家会愿意主动控制温室气体排放。

对于气候变化这个"公地悲剧"问题，只有依靠全球治理安排才能走出"囚徒困境"。在"公地悲剧"中，如果仅仅依靠参与主体的自主决策，就会陷入"囚徒困境"的恶性循环，即个体的最优解不会形成整体的最优解。解决"公地悲剧"问题，必须建立合作机制使之进入良性循环，而气候变化问题涉及所有国家，必然要有全球性的治理安排。气候变化问题的复杂性还在于，发达国家历史上通过无约束地排放温室气体而发展起来了，至今大量的温室气体仍存在于大气层中，现在要求发展中国家同样减排是不公平的。对于气候变化问题，全球在过去四五十年也认识到全球治理安排的紧迫性，并持续采取积极行动，但各国之间的利益有着巨大的冲突，而且事关各国的长远发展，因此各国都不肯轻易让步，导致全球治理安排始终在曲折中前进。

全球气候治理的演进脉络

自20世纪七八十年代气候变化问题上升为全球议题后，国际社会开始考虑建立全球治理安排。联合国环境规划署和世界气象组织于1988年建立政府间气候变化专门委员会（IPCC），这是一个政府间科学技术机构，旨在为有关国际谈判和政策制定提供科学证据。IPCC 在 1990 年发表了第一份气候变化评估报告，确认了气候变化的科学依据，对决策者与公众产生了深远的影响。以这份报告为基础，联合国大会于 1990 年建立了政府间谈判委员会，开始进行气候变化框架公约的谈判。

《联合国气候变化框架公约》（UNFCCC）形成了气候变化的首个全球治理框架。1992 年的里约会议，全称里约联合国环境与发展大会，也叫地球首脑会议，于 1992 年 6 月在巴西里约热内卢举行。这次会议取得了一系列重要成果，其中一项便是通过了《联合国气候变化框架公约》。该公约是 1992 年 5 月 22 日联合国政府间谈判委员会达成的、世界上第一个应对全球气候变暖的国际公约，也是国际社会在应对全球气候变化问题上进行国际合作的一个基本框架。简单来说，自此之后在召开的气候变化大会上谈论的气候问题，都是以这个公约为基础的，而且该公约具有法律效力。该公约于 1994 年 3 月 21 日正式生效。《联合国气候变化框架公约》在治理方面有两个重要的贡献。一是确立了国际共同应对气候变化的基本原则。比较著名的是"共同而有区别的责任"，明确发达国家应率先减排，并向发展中国家提供资金与技术支持，而发展中国家的首要任务是发展经济、消除贫困。二是建立了国际社会持续协商的常规机制。缔约方大会（COP）是公约的决策机构，负责监督和评审公约的实施情况。公约规定，每年举行一次 COP 大会，后来的《京都议定书》以及《巴黎协定》都是在 COP 大会上达成的。

《联合国气候变化框架公约》明确了宏观目标与工作机制，但没有配套的行动方案，《京都议定书》通过建立"自上而下"的强制性减排目标，将全球治理向前推进。1997 年 12 月，149

个国家和地区在日本东京的COP3大会上签订了《京都议定书》，这是人类历史上设定强制性减排目标的第一份国际协议，规定了39个发达国家2008—2012年的减排任务，即在1990年碳排放的基础上减少5.2%。按照"共同而有区别的责任"原则，对发展中国家不作具有法律约束力的减排要求。但《京都议定书》通过建立国际合作机制，期望最大限度地降低减排成本，并支持发展中国家参与到减排中，包括国际排放贸易、CDM[①]和联合履约[②]三种减排机制安排。

然而，《京都议定书》并没有遏制全球碳排放快速增长趋势。为了让更多的国家参与减排，《巴黎协定》引入了"国家自主贡献"方式，标志着全球气候治理进入了一个新的阶段。2015年，在COP21大会上达成了《巴黎协定》，为2020年后全球应对气候变化做出安排。《巴黎协定》的主要贡献体现在三个方面。一是确定了"自下而上"的"国家自主贡献"方式。1990年世界气候谈判启动以来，遵循的是保护臭氧层的谈判模式，即"自上而下"的谈判模式，先谈判减排目标，再往下分解。《巴黎协定》确立了2020年后以"国家自主贡献"目标为主体的国际应对气候变化机制安排。这是一种典型的"自下而上"的谈判模式。模

---

① CDM指发达国家通过提供资金和技术的方式，与发展中国家开展项目级的合作，通过项目所实现的"经核证的减排量"（CERs，1个CER等于1吨二氧化碳当量），用于缔约方完成在《京都议定书》下关于减少本国温室气体排放的承诺。
② 联合履约指发达国家之间通过项目合作实现的温室气体减排抵消额（ERU），可转让给另一发达国家缔约方，但必须同时在转让方的允许排放限额上扣减相应的额度。

式的转变对未来全球气候治理影响深远，值得高度关注。二是定期审查各国减排进展。各国提出的减排目标要建立在不断进步的基础上，2023年开始每5年对各国行动效果开展定期评估，以此鼓励各国基于新情况、新认识不断加大行动力度。三是提出了全球共同追求的"硬指标"。各方将加强对气候变化威胁的全球应对，把全球平均气温控制在比工业化前水平高2摄氏度之内，并努力控制在1.5摄氏度之内。

各国碳中和推进情况

为了落实《联合国气候变化框架公约》《巴黎协定》，很多国家提出了碳中和目标，但各国实现的难度存在较大的差异。从2018年起，各国纷纷做出碳中和承诺，全球已有超过120个国家和地区提出了碳中和目标（表6-1）。大多数发达国家计划在2050年实现，芬兰、冰岛、奥地利、瑞典等国家计划的实现时间更早一些；发展中国家需要考虑经济发展等因素，计划的实现时间相对迟一些。实际上，各国经济社会所处阶段有较大差异，而且相比实现的时间，碳达峰到碳中和的时间跨度是更重要的难度衡量指标。美国、欧盟等发达经济体多数已经实现了碳达峰，虽然现在将碳中和的时间设在2050年，但总体压力不大，而中国等发展中经济体多数仍处在碳达峰的爬坡阶段，碳中和的时间虽然设在2050年以后，但时间更紧张，未来的困难很大。此外，目前只有少数国家将碳中和目标写入法律或正处在立法过程中，很多提出碳中和目标的国家还只是政治上的宣示，缺少具体的实施方案和路线图配套。总体来看，全球未来实现碳中和目标仍存在较大的不确定性。

表6-1 部分国家或地区"双碳"的行动计划

国家或地区	碳达峰时间	碳中和目标	行动状态	政策规划
德国	1990年	2050年	纳入政策文件	2019年，德国通过了《气候行动计划2030》，对每个产业部门的具体行动做了明确的规定
法国	1991年	2050年	已立法	2020年4月，法国政府以法令形式正式通过《国家低碳战略》
瑞典	1993年	2045年	已立法	2018年初生效的瑞典气候新法为温室气体减排制定了长期目标
芬兰	1994年	2035年	纳入政策文件	芬兰各政府部门已经积极制定了各行业领域的低碳路线图
丹麦	1996年	2050年	已立法	丹麦政府在2018年制订了到2050年建立"气候中性社会"的计划
欧盟	1996年	2050年	已立法或纳入政策文件	2019年11月，欧盟发布了"2050欧盟绿色新政"，制定了具体的时间表、路线图
美国	2007年	2050年	纳入政策文件	2021年1月，拜登政府签署文件，重新加入《巴黎协定》
日本	2013年	2050年	纳入政策文件	2020年底，日本发布了《绿色增长战略》，提出2050年碳中和发展路线图
韩国	2013年	2050年	形成法律草案	韩国的"数字和绿色新政"计划投入73.4万亿韩元（约600亿美元）支持节能住宅和公共建筑、电动汽车和可再生能源发电等
印尼	2015年	2060年	纳入政策文件	2021年，发布了《2050年低碳和气候韧性长期战略》，设定了能源使用目标
中国	2030年（目标）	2060年	纳入政策文件	2021年10月，中国出台了碳中和的顶层设计文件

资料来源：根据公开资料整理。

国际上碳减排的博弈现状

各国碳排放量的基本情况

在国际博弈中,"共同而有区别的责任"是各方都认可的基本原则,这与各国碳排放量的演变有关系。任何国家在发展过程中都伴随着碳排放量的增加。发达国家率先经历工业化、现代化,实现了经济的发展、社会的进步与人民生活水平的提高,此前排放的大量温室气体,大部分仍留在大气层中;发达国家发展起来了,产业结构转型了,低碳技术进步了,反而要求发展中国家负担同样的责任参与减排是不公平的。

从 2019 年各国碳排放量(图 6-1)来看,中国的排放量为 102 亿吨,占到了全球排放量的 27%;第二名是美国,为 53 亿吨;随后是印度、俄罗斯和日本。这意味着,中国在帮助两亿人实现脱贫的同时,碳排放量也跃居世界第一。当前,有些国家宣扬中国是最大碳排放国,试图把舆论焦点引到我们身上,对这个问题要有清醒的认识。

从人均碳排放量(图 6-2)来看,排在前面的多是石油输出国等资源类国家。卡塔尔的人均碳排放量高达 39 吨,排名第一;美国是 16 吨,排名第 13;中国是 7.1 吨,排名第 47;韩国、俄罗斯、日本、德国也都排在中国前面。也就是说,从人均量来看,中国仅处于中间位置。

从历史累计碳排放量(图 6-3)来看,中国在 2000 年以前的排放量并不特别突出,而美、欧在最近 100 多年都是世界上的主要排放经济体,美国累计碳排放量最多,占全球的 25%,欧洲占24%，中国占13%。中国的累计占比只有美国和欧洲的一半左右。

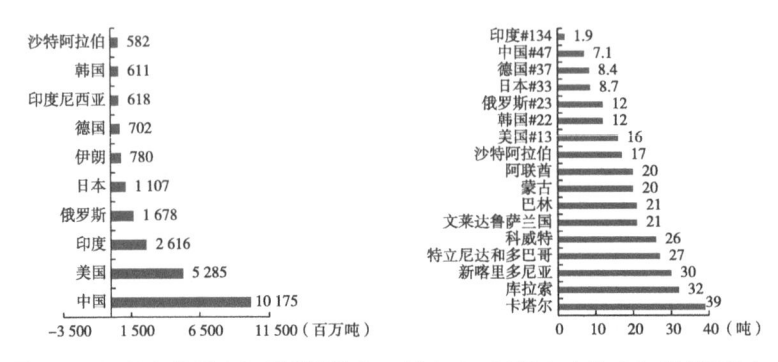

图6-1 2019年世界CO_2排放量前十

图6-2 2019年人均CO_2排放量前十及主要经济体

注：图中#后数字为世界排名。

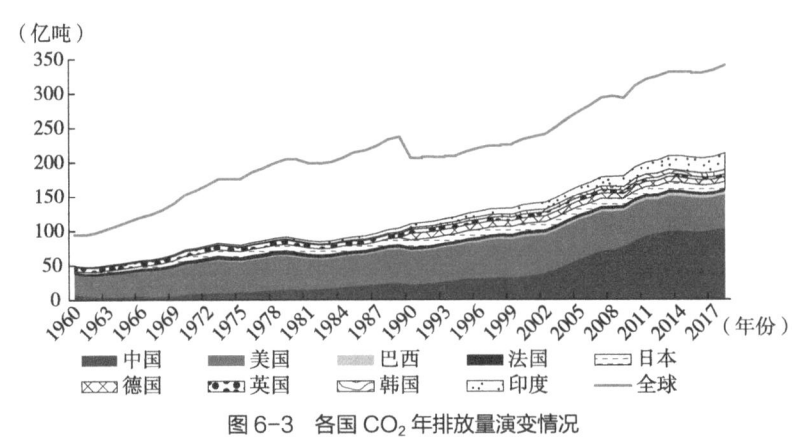

图6-3 各国CO_2年排放量演变情况

资料来源：世界银行。

各国对"共同而有区别的责任"这个大原则是认同的，但碳减排关乎重大利益，各国在原则的具体执行方面仍有较大分歧。发达国家和发展中国家之间的利益冲突非常大，这是全球气候治理进展缓慢的一个重要原因。

第一，减排与发展权之间的平衡。对于发达国家，推动减排有利于其输出技术和标准、提高国际竞争力，但对于发展中国家，推动减排不利于经济发展。目前，所有国家都认为要控制全球碳排放，但在责任分配上，发达国家更强调"共同的责任"，希望发展中国家承担更多的责任，特别是近期抛出"哪怕发达国家不排放，单单发展中国家的排放量都会使全球目标难以实现"的观点，对发展中国家进行施压，而发展中国家更强调"有区别的责任"，希望保有公平发展权。

第二，发展中国家以什么方式加入减排。《京都议定书》强调发达国家先减排，对发展中国家不作要求；《巴黎协定》将发展中国家也纳入进来，要求发展中国家按照能力进行自主承诺。此外，关于发展中国家减排目标的设置，发达国家强调绝对的排放量，而发展中国家强调人均或者强度的概念。但从现在来看，碳中和是一个绝对量指标，各国未来都要实现净零的碳排放。

第三，发达国家对发展中国家资金和技术的支持。这是"共同而有区别的责任"要求的，但这么多年一直没有得到落实，发达国家对发展中国家的支持很少，这也是发展中国家不信任发达国家的原因之一。实际上，如果发达国家认为没有发展中国家的参与实现不了全球减排目标，而发展中国家又需要保障发展权，那么关键就在于发达国家的支持。怎样落实支持机制是问题的关键，历史上 CDM 进行了有益的探索。现在，发达国家财政普遍比较困难，作为《巴黎协定》的一部分，发达国家同意在 2020 年之前向发展中国家提供每年 1 000 亿美元的援助，但其中只有小部分的援助得到了落实。

当前主要经济体的减排态度

各个国家对于全球减排的态度一般都从本国利益出发，而且在各个阶段策略也有调整。掌握各个国家的态度是参与国际博弈的基本前提。从当前格局来看，美国、欧洲、重要的发展中国家、最不发达国家和小岛国家是话语权比较大的参与者。

第一，美国的态度从消极转向积极，但面临较多的内部问题。一方面，拜登政府上台后，美国重回《巴黎协定》，希望在这个重大议题上掌握全球话语权及道德制高点。美国正在试图通过自身完备发达的金融，打造一个碳定价机制，来主导全球的碳排放，并通过让美元与碳排放量挂钩，进一步巩固美元的霸权。另一方面，美国国内的实际状况对拜登政府的政策意图形成掣肘。一是能源转型面临较大困难。美国希望在2035年实现电网无碳排放，在2030年实现80%以上的电力无碳排放，而2020年，60%的美国电力来自化石能源，只有20%来自核能和可再生能源。同时，美国各州的想法是不同的。拜登政府的碳减排政策就受到了新墨西哥州的抵制，限制石油钻探的政策推行并不顺利，因为新墨西哥州财政预算的1/3都来自这个产业。二是拜登政府想把气候变化作为重建美国经济的核心支柱有很大难度。拜登强调"购买美国"原则，要求各级政府采购更多的"美国制造"，希望通过低碳转型振兴美国制造业，但实际上美国清洁能源设备的制造生产能力是不能支持的。三是新能源发展战略也不顺利。在2021年1月的行政命令中，拜登支持制订一项计划，让美国政府近65万辆汽车全部换成电动车，但中标企业产能并没有跟上。与此同时，是否有足够的稀土等原材料也是一个障碍。一辆电动汽车需要的矿物投入是传统汽车的6倍,铜、锂、镍、钴等关键矿物在美国都没有大量生产。四是拜登政府在资金投入上面临共和党的阻击。拜登政府一直致力于提供激励措施来实现气候政策目标,但这需要大量的资金,而现在来看实现起来难度很大。

第二,欧洲在地缘情况和发展阶段的双重因素下,对低碳发展非常积极,在技术、市场机制等方面的准备也很充分。欧洲地势偏低,气候变化引起的海平面上升影响较大,自2021年以来,德国洪水等极端天气造成了很大损失,说明了环境问题对欧洲影响的紧迫性。欧洲在低碳环保上一直很积极,在技术、机制储备上是世界领先的。欧盟的碳市场于2005年建立,是目前世界上机制最成熟的碳市场,碳价已涨到90欧元左右,欧盟还在2021年6月推出了碳边境调节机制。欧盟还致力于引领世界低碳技术发展,是主要的先进能源技术输出地区。2021年7月,欧盟委员会提出"Fit for 55"("减碳55")的一揽子提案,引发了能源、交通等多个行业的变革。

第三,发展中排放大国面临较大舆论压力,在力所能及进行减排的同时更加积极地参与到国际博弈中。发达国家为了转移自身舆论压力,采取分化发展中国家阵营的策略,刻意将舆论引导至中国、印度等近几年排放量较大的发展中国家身上。诚然,中国、印度现在的排放量很大,但也不能只考虑这一个因素,如果不考虑历史、经济发展、人口状况等,得出的只能是片面的结论。在这种情况下,发展中排放大国一方面要积极参与国际减排合作,要认识到这是世界潮流的趋势,也有利于自身转型发展;另一方面要制定科学的国际博弈策略,坚持"共同而有区别的责任",不能让少数发达国家利用减排来遏制发展中国家的发展。

第四,小岛国家和最不发达国家受气候变化的影响最大,目前对推动全球减排越来越积极。中低收入国家在传统上不是主要的碳排放者,但由于地理位置与经济发展水平的原因,这些国家受气候变化的影响很大而且抵御风险的能力很弱。比如,由于极端气候事件,非洲东部国家马拉维在2005—2010年平均每年损失GDP的1.7%,到21世纪末,其首都利隆圭可能会有多达12%的人口面临粮食安全问题。因此,小岛国家和最不发达国家近年来与大的发展中经济体在减排上的立场有所分化,这些国家数量众多,影响力也不容忽视。同时要注意到,中低收入国家随着经济的快速发展与人口的迅速增长,碳排放量一直在增加,这些国家的合计排放量已经排到世界第三,仅次于中国和美国。

国外碳边境调节机制的进展与我国的应对措施

碳边境调节机制及其影响

近年来,碳边境调节机制在低碳发展领域引发关注,虽然实质性应用的国家并不多,但最近来看,发达国家在碳边境调节机制问题上的认识有加快统一的趋势。作为一个新的国际博弈领域,发展中国家必须提前研究并有所准备。欧盟是最早提出碳边境调节机制的主要经济体,这是不意外的。欧洲应对气候变化的动力一向比较强,而且在低碳转型的机制安排和技术发展上都较为领先。虽然很多国家表示反对,但欧盟已经通过了碳边境调节机制的方案，初期将涵盖电力、钢铁、水泥、铝、化肥等领域。英国和美国近期的态度也有所转变，美国之前反对欧盟实施碳边境调节机制，但近期美国政府人士表示正在研究这个机制，其他一些发达国家也在积极准备。碳边境调节机制在推动全球低碳发展上有积极意义。欧盟的理由是防止碳泄漏以及保护本区域企业的公平竞争环境。低碳政策严格的国家的企业会因购买碳配额或缴纳碳税而增加成本，使其在国际竞争中处于不利地位，可能导致生产由低碳政策严格的国家转移至低碳政策宽松的国家。而在碳边境调节机制下，通过缴纳额外关税等方式补足两国在碳排放成本上的差异，可以防止碳泄漏。

尽管碳边境调节机制表面上有一定合理性，但仍然伴随着巨大的争议，对于其是否违反世界贸易组织（WTO）的贸易规则及"共同而有区别的责任"，或者发达国家背后是否有其他的动机，都还须研究论证。从欧盟碳边境调节机制的主要内容来看，目前国际上的争论主要在如下几方面。一是碳足迹的准确衡量。碳足迹的准确衡量需要相应的技术支持和数据积累，对于中低收入国家，常用的碳足迹计算方法很可能因基础数据缺失而无法使用。二是碳边境调节机制不能违反 WTO 原则。有两个事情比较关键，分别是对进口产品不能征收比本国产品更高的碳关税，以及进口国要认可出口国测算的碳足迹。三是欧盟的计算方法存在激励扭曲。欧盟规定，当进口产品的碳足迹无法准确测量时，按照出口国的行业平均值计算或用欧盟碳排放量前 10% 企业的平均值计算。在这种替代方法下，含碳量少的产品比较吃亏，含碳量多的产品反而占便宜，产生激励扭曲。四是碳边境调节机制本身有很强的政治驱动力，要确保制度的公平公正与公开透明，否则很容易演变成贸易保护主义工具。发达国家和发展中国家在低碳技术水平上有着巨大的差距，短期内难以改变，碳边境调节机制无疑会改变发达国家和发展中国家企业的相对竞争力，很容易在政策制定上偏离应有目的。五是不符合"共同而有区别的责任"原则。"共同而有区别的责任"意味着，发展中国家出于维持经济发展与企业生存的需要，可以制定更低的减排目标。但碳边境调节机制拉齐了发达国家和发展中国家企业的碳排放成本，增加了发展中国家企业的负担。而且，欧盟通过碳边境调节机制获取的收入也不返还用于发展中国家的低碳发展领域，甚至不排除用于弥补政府赤字，这使得本不宽裕的全球低碳发展资金更加紧张。

碳边境调节机制显然会对国际贸易格局产生影响，经济利益在各国之间会重新分配，对发展中国家会有负面影响。碳边境调节机制与出口国产品的碳含量有关，对各国的影响取决于其出口产品的碳强度和对欧盟的出口依赖性。欧洲、中亚、中国受欧盟的绿色协议、碳边境调节机制的负面影响最大，会减少欧盟贸易伙伴的收入，包括欧洲和中亚的电力、天然气、石油产品、金属，以及中国的非金属矿物、木制品、化学品。从对各国人均 GDP 的影响程度来看（图 6-4），受绿色协议、碳边境调节机制影响最大的三个地区分别是欧洲和中亚、中东和北非以及次撒哈拉非洲，这些地区既有对欧盟的碳密集型出口产品，对欧盟的出口又在本国 GDP 中占较高的比重。

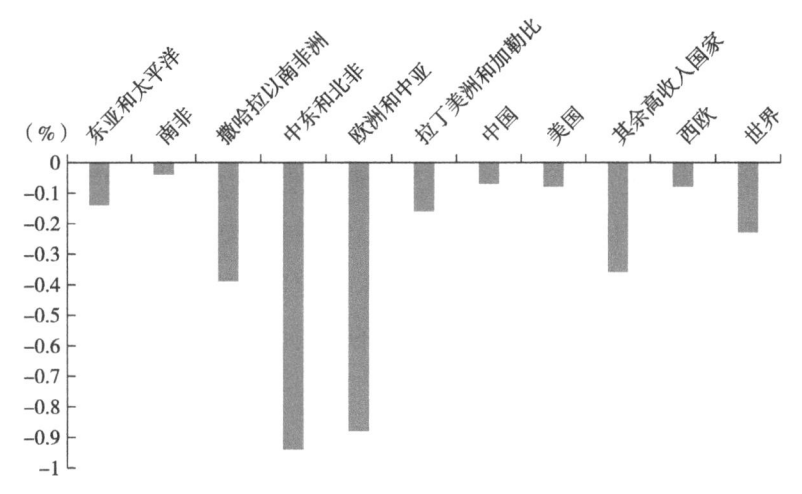

图 6-4　欧盟绿色协议与碳边境调节机制对主要经济体人均 GDP 的影响

数据来源：The trade and climate change nexus: the urgency and opportunities for developing countries，World bank group。

中国如何应对碳边境调节机制

目前来看，发达国家在低碳发展上贡献不多，但对发展中国家不断施加压力。中国基于人类命运共同体的使命担当，在自身发展还有很多困难的情况下，主动公开承诺"30·60"目标很不容易。如果发达国家执意出台有贸易保护主义倾向的碳边境调节机制，我国可采取以下应对措施。

一是碳边境调节机制不能违背"共同而有区别的责任"原则。很多发达国家的碳排放现在已经达峰，实现碳中和时间比较充裕，而发展中国家减排曲线很陡，如果减排进度过快，会对经济发展产生影响。针对一些发达国家将舆论压力引至发展中大国的意图，要积极在国际上阐述发达国家的历史责任与发展中国家的发展权，强调发达国家对发展中国家资金及技术支持的义务，落实"共同而有区别的责任"应该全面且完整。

二是认真研究碳边境调节机制等新型议题，思考完整的应对策略。要防止发达国家利用碳边境调节机制实施贸易保护主义。如果发达国家从贸易保护主义出发，坚持执行碳边境调节机制等举措，中国应尽快扩大国内碳市场和碳定价的覆盖范围，并对出口至发达国家的商品征收一定水平的碳税，将这部分税收留在国内用于支持中国的低碳发展。

三是在中外减排的谈判中要有策略。在中美谈判中，美国认为，气候变化是中美关系的独立问题，跟其他问题是分开的。但气候变化是中美合作的一部分，跟其他问题是一揽子的。也就是说，西方国家不能一方面让中国推动减排，另一方面又通过其他方式来限制中国的发展。

全球碳市场连通及我国的应对

全球碳市场连通的背景

碳配额与碳交易是有层次的，构成了一个完整的全球体系（图 6-5）。碳排放限额又称碳限额、碳配额，分为三个层次。一是全球碳排放总限额，根据计算，每年全球碳排放限额为 361 亿吨二氧化碳；二是国家和地区的排放限额，主要是各国在《巴黎协定》下自主承诺的排放目标；三是各国企业的排放限额。国内企业自主选择发展路径并相互之间进行碳配额交易，构成国内碳市场，国家之间进行配额余缺的调剂，提升减排整体效率，构成国际碳市场。在多层次的碳市场下，不同国家、不同企业有自主选择发展模式的机会，依照自身禀赋条件，或选择高碳发展模式，或选择低碳发展模式。因此，在不少经济体已经建立国家或地区碳市场的基础上，如何打通各国碳市场十分重要。

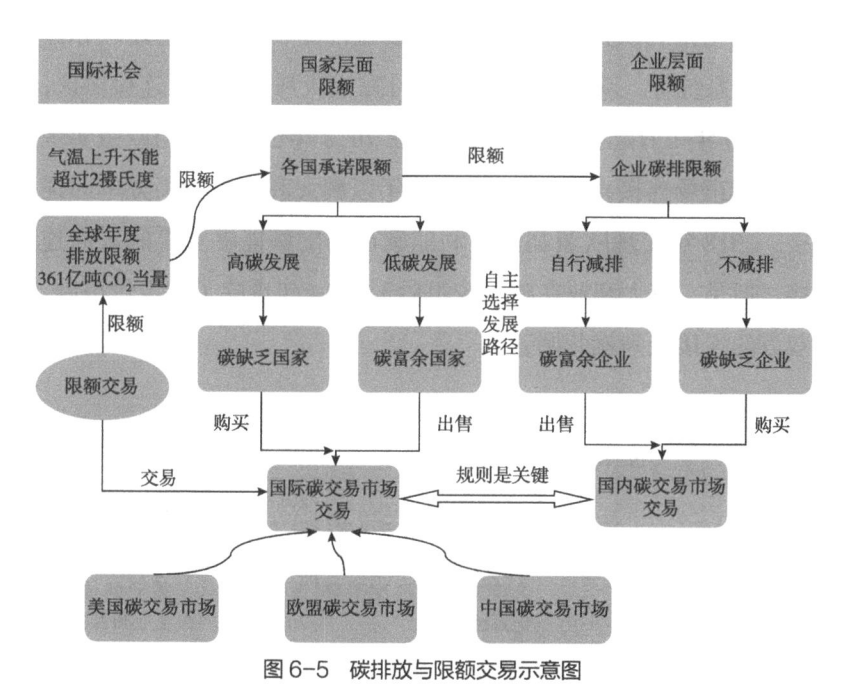

图 6-5 碳排放与限额交易示意图

资料来源：根据文献资料整理。

近年来，不同国家、地区之间开始通过连接的方式，打通碳市场之间的壁垒（表 6-2）。例如，美国加利福尼亚州碳市场与加拿大魁北克碳市场成功实现双向连接。加利福尼亚州和魁北克在设计各自碳排放交易体系之初就打算连接，所以根据西部气候倡议（WCI）的设计建议制定了各自的气候政策和减排目标，协调了配额拍卖范围和安排、价格下限、履约期等设计要素，最终在 2014 年正式连接。此外，瑞士碳市场与欧盟碳市场也在 2020 年成功连接。早在 2011 年，瑞士政府就计划与 EU-ETS 建立连接，主要考虑瑞士 ETS 预期规模较小、与欧盟贸易关系的重要性以及从欧盟获得配额成本更低。从 2011 年到 2016 年，双方进行了七轮正式谈判，涉及 ETS 的覆盖范围、配额拍卖处理和注册登记系统等。双方于 2017 年 11 月完成谈判并签署了连接协议，于 2020 年 1 月起生效。澳大利亚在 2012 年也曾提出与欧盟实现双方碳市场连接，原计划于 2015 年以澳大利亚作为买方单向连接，2018 年实现欧盟和澳大利亚碳市场配额能够互换的双向连接。但是，澳大利亚在政府改组后于 2014 年废除了碳定价机制，双方的连接谈判就此搁置。

表 6-2 碳排放交易体系之间的连接

体系	连接类型	特点	重要事件
加利福尼亚州和魁北克（当前运行）	双向连接	分开的排放总量上限；相似的设计要素；联合配额拍卖和注册登记系统	2011 年加利福尼亚州和魁北克采纳了 WCI 的设计建议；2013 年各自通过了监管改革，承认了彼此的体系；2014 年加利福尼亚州和魁北克 ETS 连接
欧盟和挪威（已结束）	双向连接（始于单向连接）	共同的排放总量上限；相似的设计要素；独立的配额拍卖和注册登记系统	2005 年开始单向连接；2007 年就双向连接达成协议；2008 年双向连接开始；2012 年 EU-ETS 第三阶段，挪威正式成为 EU-ETS 的一部分
欧盟和瑞士（当前运行）	双向连接	分开的排放总量上限；相似的设计要素；单独拍卖	2011 年连接协议的谈判正式开始；2017 年签署连接协议；2020 年连接生效
RGGI（当前运行）	多向连接	共同的排放总量上限；相似的设计要素；联合配额拍卖和注册登记系统	2005 年最初 7 个签署州达成协议；2006 年构建监管框架的《示范规则》发布；2009 年在 10 个州开始运作

续表

体系	连接类型	特点	重要事件
东京和埼玉（当前运行）	双向连接	分开的排放总量上限；相似的设计要素；独立的配额拍卖和注册登记系统	2011年埼玉ETS启动时，立即进行连接
欧盟和澳大利亚（计划但未实施）	先单向连接（澳大利亚为买方），逐步发展为双向连接	分开的排放总量上限；一些要素还处于协调中	2012年同意2018年开始就最终的双向连接进行谈判；2014年澳大利亚废除了其碳定价机制（CPM），结束了有关和欧盟连接的谈判

资料来源：根据文献资料整理。

碳市场连接的收益和风险

按照经济学理论，一个更大、更有深度的市场，肯定更有效率，可以更好地实现资源配置，抵御各类风险冲击。但实际情况并不是这么简单，对参与连接的具体国家而言，既有收益，也有风险。从实践来看，各国进行碳市场连接，很注重评估自身的国情与连接对象的选择。

一是经济收益和风险。一方面，碳市场连接通过吸收更多数量和类型的参与者，能够降低整体减排成本，增加市场深度，提升碳定价效率。此外，价格趋同也有助于减少碳泄漏和竞争力方面的担忧。有研究显示，魁北克碳市场在连接前的配额拍卖仅成交1/3，而连接后的联合拍卖成交显著增加，履约成本却下降。另一方面，连接也会有外部输入碳价波动的风险。虽然连接可以提高碳价的稳定性，但也意味着来自一个体系的冲击可能会输入与之连接的体系中。比如，一国经济周期或ETS的政策变化可能影响连接的所有体系，而较小的体系更容易受到"输入性风险"的影响。

二是环境收益和风险。一方面，连接能够降低一国减排成本，鼓励政策制定者设定更具雄心的减排目标。另一方面，如果与不够稳健的排放体系进行连接，可能出现"跑冒滴漏"的现象，导致整体减排目标被破坏。此外，还可能会激励减排目标较低的市场设定更低的减排目标，以便向连接对象出售更多的碳配额。

三是政治收益和风险。一方面，碳市场连接可以增强气候行动力度，起到宣示作用，有利于巩固环境目标承诺。例如，WCI的目标之一是通过美国和加拿大的地方合作，推动更好地控制两国温室气体排放。另一方面，连接后碳价会逐渐趋同，要关注伴随的利益调整。对于低碳价的一方，碳价上行对个人和企业的收益和竞争力将产生影响；对于高碳价的一方，配额拍卖收入会减少，将危及由这些收入支持的国内政策措施。

从实践来看，碳排放体系间的连接要考虑三方面因素。一是收益和风险的平衡。碳市场连接是一把双刃剑，既能带来收益，也存在风险挑战，各方要对收益和风险进行综合权衡，找到折中方案。二是连接对象的条件。建立连接的国家，碳市场制度、法律环境、经济金融制度要能相容，因为连接双方必须就总量目标、参与模式、抵消额度等关键要素进行协调。三是与连接对象的关系。迄今为止，多数司法管辖区选择与具有一定地理邻近度、存在已有经济和政治联系以及具有类似的经济和减排成本状况的体系建立连接。比如，RGGI的连接很大程度上基于之前合作的酸雨计划。从以上三方面来看，中国与欧盟碳市场完全连接的难度较大。欧盟碳排放交易体系是推动国际连接方面的先锋，目前仍在不断寻求与其他碳市场连接，并就可行性进行了大量研究。相关研究显示，由于中国未确定总量目标，可能会损害联合ETS的有效性。此外，中国的减排成本较低，欧盟可能将在中国完成其大部分的减排。

碳市场连接的方式

由于各国情况不一样，碳市场连接类型也是多样的，特别是在考虑收益和风险之后，完全连通的双向连接未必是初期的最优选择。

一是单向连接。单向连接是指一个碳市场允许另一个碳市场的配额或者信用用于本市场履约，即碳市场A的控排实体可以购买B的排放配额，但是B的控排实体不能购买A的排放配额。单向连接是最简单的连接方式，可能会成为日后双方建立双向连接的起点，挪威与欧盟在初期就建立了单向连接（挪威的控排实体可以购买欧盟的排放配额，反过来则不行）。

二是双向连接或多向连接。双向连接是指两个碳市场互相承认对方碳市场的配额，允许互相购买对方的碳配额。双向连接可以通过正式的国际条约来实现，也可以通过非正式的意向书或者备忘录来建立。加拿大魁北克与加利福尼亚州碳市场的碳配额互认就属于双向连接。多向连接没有数量上的限制，RGGI就是多向连接的例子。

三是间接连接。间接连接与直接连接相对应，指碳市场A和B在没有直接连接的情况下，分别与共同的第三方体系C实现连接。在间接连接中，一个市场的碳配额供求变化会通过价格传导到另一个市场。比如，A 中的活动可能通过影响共同连接的 C 的配额价格，进而影响 B。新西兰 ETS 通过接受在 CDM 下的 CERs 间接与 EU-ETS 相连接，就属于间接连接的例子。

根据连接的程度是否存在某种限制，碳市场之间的连接还可以分为不受限制的连接和受限制的连接。不受限制的连接指所有体系的配额在履约方面都相互承认、同等，没有任何限制。受限制的连接指使用定性或定量条件限制来自连接体系的配额，类似于大多数 ETS 对抵消的限制。受限制的连接会损失一定效率，但也能避免引入一些风险。

中国如何应对全球碳市场连通

中国与国外碳市场不连通有问题，直接连通也有问题，机制设计尤为重要。如果不连通，中国现在的碳价太低可能难以对减排产生足够的激励。国际货币基金组织提出，要实现既定的全球减排目标，须对主要国家设立碳价下限，发达市场、高收入市场和低收入新兴市场的下限分别为每吨 75 美元、50 美元和 25 美元，中国目前的碳价还有一定差距。如果直接连通，中国的碳价会明显抬升，我国的碳排放还在上升过程中，能源结构以煤炭为主，难以承受碳价快速上升的后果。在这种情况下，碳市场连通的机制设计就很重要，如果设计得当，既有助于为全球减排做出贡献，又不损害自身发展权。

碳市场连通会影响各国碳价，而碳价与各国减排力度、调整剧烈程度密切相关，因此，全球碳市场连通机制成为当前国际上的博弈焦点。表面上，低碳价的国家可以从高碳价的国家获取碳配额出售的收益，但这远不及碳价上升给高碳行业及经济发展带来的长期冲击。因此，碳市场连通带来的碳价变化对各国利益格局影响很大。实际上，有的国家很难承受高碳价。伊拉克的财政收入中90%以上来自石油，尼日利亚的近一半财政收入与几乎所有的外汇也来自石油。有的国家则期待碳价更高。太平洋的小岛国家希望从碳交易中获得更多的收益，帮助它们应对全球变暖带来的威胁。面对碳价的变化，不仅各个国家之间有利益冲突，一个国家的内部利益也不同。拜登的减排政策就受到了新墨西哥州的抵制，限制石油钻探的政策推行并不顺利，因为新墨西哥州预算的1/3都来自这个产业。美国目前在全国层面很难达成减排的共识，很多人担心，在低碳发展上做得很少会使美国在可再生能源经济的竞争中处于劣势。类似于美国，中国各个地方在低碳发展问题上也有利益冲突，统一碳价下一些群体受损较大。我国的经济发展和能源分布很不均衡，资源与地区经济的发达程度呈逆向分布。煤炭集中于内蒙古、山西等省（区），原油集中于陕西、黑龙江省，天然气集中于河北、山西等省。西北地区作为传统能源基地，长年以来产业结构相对单一，受低碳转型影响也会比较大。

在全球碳市场连通的机制设计中，平衡各方利益的关键是引入公共资源，现在发达国家财政资源不足，须考虑通过其他途径让发展中国家获取更多的资金、技术支持。一是如果发达国家与发展中国家进行连通，就要考虑发展中国家的承受力，迅速双向连接的风险比较大，可以考虑类似CDM的单向、受限的连接方式，避免发展中国家的碳价快速上升。可参照沪港通、深港通等连通机制，建立连通的小管，发达国家可以购买发展中国家特定范围内的减排成果，用于抵减自身的碳排放。二是针对发展中国家因碳价上行受到的经济损害，不能说因为支付购买配额的费用就可以了，还要额外提供资金与技术的支持，可以考虑将发达国家的碳配额拍卖收益拿出一部分用于设立公共资源，来帮助发展中国家受损害的群体实现低碳转型。此外，还要在技术上给予大力支持。发展中国家虽然承诺了自主减排的目标，但没有技术与资金的支持很难实现。

附　录

碳中和背后的经济学思考[①]

习近平主席 2020 年底在联合国大会和气候雄心峰会上两次提出"30·60"目标,向世界做出庄严的承诺。几个月之后,《碳中和经济分析》在 2021 年 5 月正式出版。该书一如既往地反映了周行长的国际视野、创新思维和超前洞见。2009 年周行长在北京大学讲演碳配额交易与减排融资的经济分析时,我也坐在下面聆听,但我和其他听众一样不太理解中央银行行长为何要关心这一问题。十多年前周行长就能对低碳发展这个复杂又重要的问题的方方面面看得非常清楚,根本在于其建立了一个完整的经济学分析框架,基于规范的经济分析得出:低碳转型对中国是有好处的,而且中国有一些优势;在减排机制的选择上,基于有配额的一般均衡框架得出碳市场是最优的机制安排;在国际碳市场连通与碳关税问题上,也基于国际治理的分析框架给出了机制设计思路。

---

① 徐忠为《碳中和经济分析》一书写的书评。

基于科学的决策分析得出中国经济低碳转型的必要性和可行性

低碳发展首先是认识上的问题，中国社会在认识上的扭转实际上经历了很长的时间。2005年，习近平总书记在任浙江省委书记时就以高瞻远瞩的战略眼光，在国内最早提出了"绿水青山就是金山银山"的发展理念。但是，早期中国社会对低碳发展问题的主流看法是不一样的。比如，2009年中国出席哥本哈根联合国气候变化大会时，大部分人认为，低碳发展会影响中国经济的快速增长。同时由于发达国家承诺的资金和技术支持没有兑现，一些人难免会有阴谋论的想法，因此主张中国不能承诺绝对量的硬指标。直到2020年底，习近平主席向全世界两次公开承诺"30·60"目标，才一举扭转了社会上的主流认识。

周行长在比较早的时候（2008年、2009年）就基于经济分析阐述了低碳发展转型问题的必要性并澄清了主流认识上的误区。第一，针对气候变化理论可能存在的不确定性，基于贝叶斯决策提出低碳转型仍是优化解。有人提出，气候变化理论可能是错误的，如果基于错误的假设可能是在做无用功。这种不确定性可以转化为贝叶斯决策，对未来的每种状态赋予概率，基于对应的社会总收益或者总损失求最优解。由于气候变化理论站得住脚的概率在90%以上，最后的结果还是要低碳发展。第二，澄清了低碳发展对GDP的冲击。低碳发展固然会影响高碳行业的发展，进而影响GDP，但低碳发展也会带来风电、光电、核电设备的更换，形成新的需求。总体算下来，GDP是能维持或者增加的。第三，从流量和存量的基本概念出发，论证了低碳发展创造的GDP增长不是浪费，而是会创造真正的财富增量。有人认为，需求的更替带来的GDP增长可能是一种浪费。从经济学中GDP与财富两个基本概念出发，认为煤电等设备的寿命没有用尽就被取代固然会有一些浪费，但环境的改善也属于财富的积累，低碳发展带来的环境和气候的财富估值是远大于这些浪费的。实际上，全球经济很多时候的GDP增长都伴随着一定程度的浪费，值得关注的是这种浪费能否带来财富的积累。第四，基于对低碳发展技术环节的了解，认为中国低碳发展是有一些优势的。有一种误解认为，低碳发展依靠高科技，而西方国家占有比较优势，我国处于相对劣势，要吃亏。低碳发展路线其实主要是工程技术和工艺路线的选择问题，只有一小部分是高科技的问题。因为中国是制造业大国，解决工程技术和工艺问题的能力比较强，在这一点上中国是有优势的。

除了在经济学分析框架内论证了中国应进行低碳转型，周行长在2008年、2009年积极呼吁推动低碳转型，实际上还与金融危机的背景有关。2008年国际金融危机对中国的外需带来了很大的冲击，中国面临有效需求不足的问题，如果借此时机积极推动低碳转型，形成更新换代的需求，则既可以稳住国内需求，又可以实现经济转型，是一个难得的时间窗口。现阶段，中国面临增长动力不足的问题，其实也是推动低碳发展的好时机。人口老龄化使过去推动增长的"人口红利"消失，外部环境也在发生不利变化，部分发达国家大搞逆全球化甚至经济脱钩，一些产业链可能会转移出中国，此外，受疫情影响，国内消费服务业仍没有完全恢复。此时大力推动低碳转型，可以实现释放增长活力与经济转型的双重目标。

在减排机制上强调顶层设计和碳市场的价格信号作用

减排机制是低碳发展的核心问题，在机制安排方面社会上也有不同观点，周行长最早提出了对此问题的经济学分析框架，论证了碳市场是最优的机制。低碳减排在机制上至少有两种思路，包括行政化的任务分解，将任务摊派给各地方、各行业、各企业，以及依靠财税和金融调控来实现碳资源的配置，主要是碳税和碳市场。在早期的时候，有些人支持行政化的任务分解，这种方法简单、可控，现在还有不少人支持碳税。脱离经济学分析框架来谈论机制选择，是很难有结论的。周行长早年有纺织品配额的研究经历，当时就有很好的分析框架，碳减排与纺织品配额在本质上没有太大的差别，周行长就将有配额的一般均衡框架应用于碳减排分析。使用这个分析框架从理论上证明，让市场供求关系来决定配额价格并实现市场分配，仍会实现有配额的一般均衡，碳市场是比行政任务摊派、碳税等更优的机制。周行长还将这个分析框架应用于土地制度改革等其他类似问题的研究，比如，基于配额交易的思想提出，建立可交易的全国土地当量市场，既能保持18亿亩的耕地红线，又让土地市场供给更加市场化。

如何在一般均衡框架中纳入碳排放，既是一个重要的经济学理论问题，也有深刻的政策含义。经典的一般均衡模型不考虑因外部性造成的市场失灵，认为自由竞争市场通过价格的充分调整，能实现一般均衡状态和最优资源配置。但碳排放造成的全球变暖是人类社会面临的最大负外部性，碳减排是人类历史上最大规模的市场干预活动，将对经济增长、价格、投融资、消费和国际贸易等产生深远影响。周行长创造性地提出了"有配额的一般均衡"分析框架。这个分析框架基于简化的一般均衡模型（s-GE）与简化的递推优化模型（s-RP）之间的等价关系，先在s-RP中加入碳排放约束，再通过库恩—塔克定理转换，在s-GE中找到等价的附加表达。这样就将碳排放纳入一般均衡框架，体现在"收入函数与收入分配"部门中。碳排放约束的拉格朗日乘数（或影子价格）就对应碳排放配额价格，等于碳配额对净附加产值的边际贡献（通常为负）。因此，碳排放约束机制实际上是使碳成为一种作负贡献的资源约束。

按照有配额的一般均衡框架的分析结论，基于碳市场的价格信号引导全社会的碳减排是最优的机制设计，但形成有效的价格信号又以总量目标的顶层设计为前提，这也是周行长近年来持续呼吁的关于减排机制设计的两个重点。碳价格应能够产生足够激励，而且碳价格相对稳定才能对长期投资、科技创新起引导作用。第一，封顶的总量是形成有效碳价格的前提，因此顶层设计非常重要。根据模型的推论，先有碳排放总量，才能确定配额，进而形成有效的价格信号。芝加哥气候交易所的自愿碳减排及碳交易市场因为没有封顶的总量，形成的价格就不是有效的。目前，中国碳减排的总量目标还不清晰，需要加强顶层设计。此外，在设定总量目标的前提下，应拿出足够比例的碳配额进入碳市场，而不是一点点"挤牙膏"，这不利于价格的稳定。第二，在总量封顶的情况下，碳市场的价格信号最准确，激励机制也最有效。按照模型的推论，碳排放权价格集中体现了产出增长、排放配额和技术进步等多种因素的综合作用，依靠碳市场的价格信号形成的社会资源配置是最优解。基于有效的价格信号，碳市场能够很好地解决企业自己搞碳减排以及对低碳技术的融资问题。对于前者，通过碳配额交易就可以完成，出售者拿走这部分钱去减排改造，少排放一些，购买者则花钱购买更多排放的权利；对于后者，碳交易的价格就是低碳技术的市场价值，会促使私人投资增加，刺激低碳技术的研发和市场化，包括新能源、碳捕获和碳沉降、煤的清洁燃烧技术等。

此外，比较碳税与碳市场这两种调控手段，碳税的税率不会比碳市场的价格更有效率，而且碳税对低碳技术较难提供正向的激励。在低碳转型中，碳市场应该发挥主要的作用，如果碳税与碳市场结合使用的话，碳税的税率也要参照碳市场的价格。碳市场本质上是一个金融市场，碳配额市场大体属于拍卖型市场。碳市场需要资金的期限转换和风险管理，而在此基础上会发展碳期货、碳远期等衍生产品交易，引导跨期投资和风险管理。OECD的研究报告也表明，相比碳税，有价格稳定机制支持的碳市场可帮助投资者形成碳价逐年上涨的预期，更有利于促进减排。

碳市场的价格信号能否形成全社会的引导，还取决于能否形成顺畅的传导，而电力系统是最重要的"二传手"。电力行业在碳排放中占比约一半，居于碳价格传导的关键环节。但电力定价目前还存在一定的行政管理，即使碳市场形成良好的价格信号，也无法通过电力价格有效传导到其他经济环节。因此，继续推动能源价格市场化改革势在必行。此外，周行长还指出，电网还可以将碳价格分解提供给发电方、储存方、调峰方、用户方等不同主体，其中涉及的激励信号非常重要，要统筹协调好。

从国际治理角度来看待碳市场互联互通、碳关税等问题

周行长很早就意识到，低碳转型中各个国家的利益是不同的，要纳入国际治理的框架予以分析，特别是要有发达国家对发展中国家的补偿机制。气候变化在经济学上是个公共产品负外部性的问题（也是"公地悲剧"问题）。发达国家历史上排放得多，发展中国家如果因为碳减排而影响到自身发展是不公平的，所以，国际上强调"共同而有区别的责任"。实际上，各国的利益冲突远不止于此，一些产油国对减排可能就是排斥的。比如，伊拉克、利比亚、尼日利亚、委内瑞拉、伊朗、哈萨克斯坦等产油国的产业结构与政府收入来源相对单一，伊拉克的财政收入中90%以上来自石油，尼日利亚的近一半财政收入与几乎所有的外汇来自石油，显然会受到减排的冲击。所以，在各国之间达成一致行动以解决气候变化的"公地悲剧"问题，要靠一些机制设计，优化公共资源配置，来平衡各方的利益。而公共资源来自哪里？发达国家在金融危机之后财政很紧张，疫情应对使得这些国家的财政形势更为严峻，现阶段只能通过设计更加巧妙的机制安排，才能落实对发展中国家、一些资源国家的资金补偿，也才能推动国际集体行动。

如果从国际治理的角度，国际碳市场连通和碳边境调节税的一些机制安排就能看得比较清晰。很多发达国家已经碳达峰了，发展中国家碳排放还在往上走，所处阶段不同，碳价应是不同的。直接打通各国碳市场，会造成发展中国家的碳价抬升，后果难以承受。所以需要把握好碳减排的进度，以及创造 GDP 流量需求与成本控制之间的平衡点。周行长提出，为了让各国碳市

场连通的速度、范围可控,以及形成对发展中国家的资金补偿机制,可参照类似沪港通、深港通等连通机制,建立连通的小管,类似之前的清洁发展机制,发达国家可以购买发展中国家低碳减排的成果,用于抵减自身的碳排放。基于同样的原理,如果发达国家一定要征收碳边境调节税,相关收入也必须全部返还用于支持出口国、资源国等的低碳发展,体现对发展中国家的补偿属性。

不只是各个国家之间有利益冲突,一个国家内部的利益也是不同的。比如美国,拜登的减排政策就受到了新墨西哥州的抵制,限制石油钻探的政策推行并不顺利,因为新墨西哥州预算的 1/3 都来自这个产业。美国目前在全国层面很难达成减排的共识,很多人担心,在低碳发展上做得很少会使美国在可再生能源经济的竞争中处于劣势。类似于美国,中国国内各个地方在低碳发展问题上也会有利益冲突,也要有公共资源的支持,资金从哪里出也很关键。我国的经济发展和能源分布很不均衡,资源与地区经济的发达程度呈逆向分布。煤炭集中于内蒙古、山西等地,原油集中于陕西、黑龙江等地,天然气集中于河北、山西等地。西北地区作为传统能源基地,长期以来产业结构相对单一,受低碳转型影响也比较大。帮助资源省份应对冲击及发展转型也需要公共资源,但当下中央及地方财政较为紧张,全国碳市场的拍卖收入或者碳税收入是未来可考虑的方向,但在此之前,中央财政要有其他的应对预案。

此外,周行长认为,绿色金融是低碳转型的重要支撑,并推动国内绿色金融快速起步发展。人民银行等金融管理部门很早就及时跟踪国际上绿色金融的发展,考虑到中国绿色金融与国外情况有所不同，ESG 投资人基础尚不牢靠，提出采用"自上而下"的顶层设计与"自下而上"的底层探索紧密结合的发展思路。此后逐步完善绿色金融政策框架，2016 年多部门联合发布构建绿色金融体系的指导意见，第一次系统地提出了绿色金融的定义、激励机制及绿色金融产品发展规划和风险监控措施。同时，2017 年绿色金融改革创新试验区陆续设立。此外，人民银行积极参与国际绿色金融合作，2016 年首次将绿色金融引入 G20 议题，并发起 G20 绿色金融研究小组，2017 年与 8 家金融监管机构共同成立央行与监管机构绿色金融网络。在适合的发展思路与发展框架下，中国绿色金融实现了快速起步。截至 2020 年末，绿色信贷全球第一，绿色债券全球第二。这些成绩的取得既与周行长很早就意识到绿色金融是低碳转型的重要支撑、同步提出了发展思路并奠定发展框架、推动国内绿色金融起步密不可分，也是与之后人民银行一直坚持推动绿色金融息息相关的。

气候变化融资部分缩略语与专用术语

AF，Adaptation Fund，适应基金

Cap and Trade，总量控制和配额交易机制

CDM，Clean Development Mechanism，清洁发展机制

CER，Certified Emissions Reduction Units，经验证的减排单位

CIF，Climate Investment Fund，气候投资基金

COP，Conference of Parties，缔约方大会

ERU，Emissions Reduction Units，减排单位

ETS，Emissions Trading Scheme，（欧盟的）排放交易机制

GEF，Global Environment Fund，全球环境基金

IEA，International Energy Agency，国际能源机构

IIASA，国际应用系统分析学会

JI，Joint Implementation，联合执行计划

LDC，Least Developed Country，最不发达国家

ME，Monitoring and Evaluation，监测和评价

MEF，Major Economies Forum，主要经济体论坛

MRV，Measurement, Reporting, and Verification，测量、报告和核查

NAMA，Nationally Appropriate Mitigation Action，全国适宜的减缓行动

ODA，Official Development Assistance，政府开发援助

OECD-DAC，OECD Development and Assistance Commission，经济合作与发展组织发展援助委员会

PPM，parts per million，百万分之一（温室气体浓度单位）

REDD，Reducing Emissions from Deforestation and forest Degradation，减少因毁林、森林退化导致的排放

SID，Small Island Developing Country，小岛型发展中国家

Technical Thematic Bodies，技术专题组织

UNEP，United Nations Environment Program，联合国环境规划署

UNFCCC，United Nations Framework Convention for Climate Change，《联合国气候变化框架公约》

adaptation，适应，即对气候变化做出反应，主要针对本身排放不多，但要承受气候变化影响的国家

banking，积攒

climate-resilient，适应气候的

credit，排放量

greenhouse gas emissions，温室气体排放

Kyoto Protocol，《京都议定书》

low carbon climate resilient strategy，适应低碳气候的策略

mitigation，减缓，实际上是减少排放，主要针对排放量较大的国家而言

offset，碳汇，指从大气中清除温室气体、气溶胶或温室气体前体的任何过程、活动或机制

permit，排放权

Project Catalyst，项目催化剂组织，隶属欧洲气候基金会

Rio Conventions，《英属印度洋领地协议》

参考文献

[1] 国际碳行动伙伴组织.全球碳交易体系概览[R].2015.

[2] 国际碳行动伙伴组织等.碳排放权交易实践手册：设计与实施[R].2016.

[3] 国际资本市场协会.气候转型融资手册[R].2020.

[4] 何建坤.我国应对全球气候变化的战略思考[J].科学与社会，2013（002）.

[5] 中国金融学会绿色金融专业委员会碳金融工作组.中国碳金融市场研究[R].2016。

[6] 马骏.构建中国绿色金融体系[M].北京：中国金融出版社，2017.

[7] 马骏.碳中和愿景下的绿色金融路线图[J].中国金融，2021（20）.

[8] 马骏，程琳.转型金融如何支持碳中和[J].中国银行业，2021（9）.

[9] 气候债券倡议组织.转型金融助力企业低碳转型[R].2021.

[10] 气候债券倡议组织，瑞士信贷集团.为可信的绿色转型融资[R].2020.

[11] 气候债券倡议组织,中节能衡准.中国转型金融研究报告[R].2022.

[12] 曲格平.中国环境保护四十年回顾及思考[J].环境保护,2013(10).

[13] 世界银行.碳金融十年[M].北京:石油工业出版社,2011.

[14] 星展银行.可持续发展和转型融资框架与分类法[R].2020.

[15] 徐忠.碳中和背后的经济学思考[N].新京报,2021-07-14.

[16] 徐忠.应充分发挥碳交易市场中的金融作用[J].中国银行业,2021(8).

[17] 杨燕青,程光.碳中和经济分析——周小川有关论述汇编[M].北京:中国金融出版社,2021.

[18] 易纲,吴秋余.主动作为,支持绿色低碳高质量发展[N].人民日报,2021-03-21.

[19] 张妍,李玥.国际碳排放权交易体系研究及对中国的启示[J].生态经济,2018(2).

[20] 郑爽.国际碳排放交易体系实践与进展[J].世界环境,2020(2).

[21] 周小川.实现碳中和目标的路径选择[J].上海企业,2021(10).

[22] 周小川.实现碳中和目标面临的若干问题和选项[J].当代金融家,2021(9).

[23] 曹媛媛,韩宁,李秋菊."双轮驱动"绿债市场发展[J].中国金融,2021(9).

[24] 曹媛媛,刘松涛,刘煜珅.中国绿色债券评估认证制度[J].中国金融,2017(14).

[25] Ackva, J., A.Eden, W.Acworth and C.Haug, 2018, "Emissions Trading Worldwide: Status Report 2018".

[26] Ahlström, H., 2019, "Policy Hotspots for Sustainability: Changes

in the EU Regulation of Sustainable Business and Finance", *Sustainability*.

[27] Amstad, M. and Z. He, 2019, "Chinese Bond Market and Interbank Market", *NBER Working Paper*.

[28] Balmes, J., 2021, "California's Cap-and-Trade Program".

[29] Bianchini, R. and G. Gianfrate, 2018, "Climate Risk and the Practice of Corporate Valuation", *Research Handbook of Finance and Sustainability*.

[30] Bourse Consult, 2010, "The Post-Trade Infrastructure for Carbon Emissions Trading".

[31] Bowen, A., S. Fankhauser, N. Stern and D. Zenghells, 2009, "An Outline of the Case for a 'Green' Stimulus", *LSE Grantham Research Institute Policy Brief*.

[32] Brenton, P. and V. Chemutai, 2021, "The Trade and Climate Change Nexus", *World Bank Publications*.

[33] Burke, M. and V. Tanutama, 2019, "Climatic Constraints on Aggregate Economic Output", *NBER Working Paper*.

[34] Busch, T., R. Bauer and M. Orlitzky, 2016, "Sustainable Development and Financial Markets", *Business & Society*.

[35] Calel, R. and A. Dechezleprêtre, 2016, "Environmental Policy and Directed Technological Change: Evidence from the European Carbon Market", *Review of Economics and Statistics*.

[36] Carney, M., 2015, "Breaking the Tragedy of the Horizon–Climate Change and Financial Stability", *Speech at Lloyd's of London*.

[37] Center for Climate and Energy Solutions, 2016, *Secondary Carbon Markets*.

[38] Chevallier, J., 2009, "Modelling the Convenience Yield in Carbon

Prices Using Daily and Realized Measures", *International Review of Applied Finance Issues and Economics*.

[39] Coady, D., I. Parry, N.P. Le and B. Shang, 2019, "Global Fossil Fuel Subsidies Remain Large: An Update Based on Country-Level Estimates", *IMF Working Paper*.

[40] Cox, P., H. Simpson and S. Turner, 2010, "The Post-Trade Infrastructure for Carbon Emissions Trading", *Bourse Cousult Report for the City of London Corporation*.

[41] Dechezleprêtre, A. and M. Sato, 2017, "The Impacts of Environmental Regulations on Competitiveness", *Review of Environmental Economics and Policy*.

[42] Dixon-Fowler, H., D. Slater, J. Johnson, A. Ellstrand and A. Romi, 2013, "Beyond 'does it pay to be green?' A Meta-Analysis of Moderators of the CEP-CFP Relationship", *Journal of Business Ethics*.

[43] Dyllick, T. and K. Muff, 2016, "Clarifying the Meaning of Sustainable Business Introducing a Typology from Business-as-usual to True Business Sustainability", *Organization and Environment*.

[44] EDF & IETA Discussion Draft, 2013, "The world's Carbon Markets: A Case Study Guide to Emissions Trading".

[45] Ellerman, A.D. and D. Harrison Jr, 2003, "Emissions Trading in the U.S.: Experience, Lessons and Considerations for Greenhouse Gases", *Massachusetts Institute of Technology & the National Economic Research Associates, Inc.*

[46] European Central Bank, 2015, "Bank Profitability Challenges in Euro Area Banks: The Role of Cyclical and Structural Factors", *Financial Stability Review*.

[47] European Commission, 2013, "The EU Emissions Trading System

（EU-ETS）".

[48] European Commission, 2015, "EU-ETS Handbook".

[49] European Commission, 2015, "Interplay between EU-ETS Registry and Post Trade Infrastructure".

[50] European Environment Agency, 2020, "The EU Emissions Trading System in 2020: Trends and Projections".

[51] European Union European Commission, 2020, "Report from the Commission to the European Parliament and the Council: Report on the Functioning of the European Carbon Market".

[52] Ferrell, A., H. Liang and L. Renneboog, 2016, "Socially Responsible Firms", *Journal of Financial Economics*.

[53] Financial Times, 2017, "Kraft Heinz Drops $143bn Pursuit of Unilever".

[54] Friedman, M., 1970, "The Social Responsibility of Business is to Increase its Profits", *The New York Times Magazine*.

[55] G20 Green Finance Study Group, 2016, "Green Finance Synthesis Report".

[56] Gillenwater, M. and S. Seres, 2011, "The Clean Development Mechanism: a Review of the First International Offset Program", *Greenhouse Gas Measurement and Management*.

[57] Global Alliance for Banking on Values, 2016, "Real Economy Real Returns: A Continuing Business Case for Sustainability-focused Banking", *Research Report*.

[58] González, C.I. and S. Núñez, 2021, "Markets, Financial Institutions and Central Banks in the Face of Climate Change: Challenges and Opportunities", *Occasional Paper*.

[59] Hart, O. and L. Zingales, 2017, "Companies Should Maximize

Shareholder Welfare Not Market Value", *CEPR Discussion Paper*.

[60] Hauer, M. E., J.M. Evans and D.R. Mishra, 2016, "Millions Projected to Be at Risk from Sea-Level Rise in the Continental United States", *Nature Climate Change*.

[61] Helm, D. and C. Hepburn, 2017, "Carbon Border Tax: Not Perfect but Good Enough", *Letter in the Financial Times*.

[62] Hintermann, B., 2016, "Pass-through of CO2 Emission Costs to Hourly Electricity Prices in Germany", *Journal of the Association of Environmental and Resource Economists*.

[63] ICAP, 2013, "Carbon Market Oversight Primer".

[64] ICAP, 2018, "A Guide to Linking Emissions Trading Systems".

[65] Kahn, M. and M.Kotchen, 2010, "Environmental Concern and the Business Cycle: The Chilling Effect of Recession", *NBER Working Papers*.

[66] Kaufman, N. and J. Elkind, 2018, "Can China's Carbon Dioxide Trading Market Avoid the Hidden Dangers of Other Emission Trading Systems".

[67] Kluchenek, M. and E. Parker, 2020, "Emissions-Linked Trading in the EU & US".

[68] Levine, R., 2005, "Finance and Growth: Theory, Mechanisms and Evidence", *Handbook of Economic Growth*.

[69] Lovells, H., 2019, "NAFMII Publishes Panda Bond Rules for Non-Financial Issuers".

[70] Migliorelli, M., 2021, "What Do We Mean by Sustainable Finance? Assessing Existing Frameworks and Policy Risks", *Sustainability*, *MDPI*.

[71] Motty, M. and E. Ackom, 2020, "Climate Finance: Unlocking

Funds toward Achievement of Climate Targets under the Paris Agreement", *Climate Action*.

[72] Nafmii, 2015, "Practices and Procedures in the Chinese and International Primary Debt Capital Markets".

[73] NGFS, 2021, Annual Report 2020.

[74] Omran, M. and D. Ramdhony, 2015, "Theoretical Perspectives on Corporate Social Responsibility Disclosure: A Critical Review", *International Journal of Accounting and Financial Reporting*.

[75] Refinitiv, 2020, "Carbon Market Year in Reviews: Record High Value of Carbon Markets in 2019".

[76] Riedl, A. and P. Smeets, 2017, "Why Do Investors Hold Socially Responsible Mutual Funds?", *Journal of Finance*.

[77] Sandel, M.J., 2013, "The Moral Economy of Speculation: Gambling, Finance, and the Common Good", *The Tanner Lectures on Human Values Delivered at University of Utah*.

[78] Schipke, A., M. Rodlauer and L.M. Zhang, 2020, "The Future of China's Bond Market", *Journal of Southeast Asian Economies*.

[79] Schoenmaker, D. and G. Zachmann, 2015, "Can a Global Climate Risk Pool Help the Most Vulnerable Countries?", *Policy Brief 2015/04, Bruegel*.

[80] Schoenmaker, D., 2017, "From Risk to Opportunity: A Framework for Sustainable Finance".

[81] Schoenmaker, D.M., 2018, "A Framework for Sustainable Finance", *SSRN Electronic Journal*.

[82] Skancke, M., 2016, "Fossil Fuel Investments: Fossil Fuel Investment and the Broader Issue of Transitioning to a Low-carbon Economy", *Australian Council of Superannuation Investors, Melbourne*.

[83] Tandon, A., 2021, "Transition Finance: Investigating the State of Play: A Stocktake of Emerging Approaches and Financial Instruments", *OECD Environment Working Papers*.

[84] The Alternative Investment Management Association, 2020, "Guide to the EU Sustainable Disclosure Regulation".

[85] The Asian Development Bank, 2019, "Asia and the Pacific Renewable Energy Status Report".

[86] The House of Commons, 2004, "The UK Emissions Trading Scheme: A New Way to Combat Climate Change".

[87] The United Nations World Commission on Environment and Development, 1987, "Our Common Future", *Oxford University Press*.

[88] Thomson Reuters, 2016, "Review of Global Markets in 2015 and Outlook for 2016–2018".

[89] Tirole, J., 2017, "Economics for the Common Good", *Princeton University Press*.

[90] Uhrig-Homburg, M. and M. Wagner, 2009, "Futures Price Dynamics of CO_2 Emission Allowances an Empirical Analysis of the Trial Period", *The Journal of Derivatives*.

[91] United Nations Framework Convention on Climate Change, 2015, "Adoption of the Paris Agreement".

[92] United Nations, 2015, "UN Sustainable Development Goals (UN SDGs) — Transforming our world: the 2030 Agenda for Sustainable Development".

[93] United Nations, 2020, "Financing for Development in the Era of COVID-19 and BeyondMenu of Options for the Consideration of Heads of State and Government".

[94] Wheeler, D., 2010, "Greenhouse Emissions and Cimate Change: Implications for Developing Countries and Public Policy".

[95] Yan, S.P., F. Ferraro and J. Almandoz, 2019, "The Rise of Socially Responsible Investment Funds: The Paradoxical Role of the Financial Logic", *Administrative Science Quarterly*.

[96] Yandle, B., 2012, "Bootleggers and Baptists in the Theory of Regulation", *Handbook on the Politics of Regulation*.

后　记

　　本书围绕可持续发展、碳金融、绿色金融、转型金融等问题展开研究，是作者十几年来对相关问题不断研究、深化认识、总结思考所得成果的集中展现。全书既包括作者多年前在央行金融市场司制定信贷政策时关于社会责任和绿色金融的研究心得，也涵盖了在央行研究局推动绿色金融试验区的一些体会，以及在中国银行间市场交易商协会工作期间推动绿债、碳中和债和转型相关债券的研究。本书既是作者近年来结合中国经济结构调整对可持续金融研究的体会，更是在2020年9月习近平总书记提出"碳达峰、碳中和"目标后，纳入了对如何把党中央、国务院相关决策部署落实到具体政策制定的思考。

　　在写作中，本书注重历史时空纵深和国际横向比较，从金融视角出发，结合可持续发展框架探讨了碳金融、绿色金融和转型金融等若干问题。本书主要有以下几个特点：一是放在可持续发展的框架下讨论碳中和，同时涵盖了绿色金融和转型金融的内容；二是从金融视角探讨实现碳中和的路径，尤其探讨了碳市场在碳中和中的作用；三是讨论了在国际博弈中如何应对碳关税等热点问题；四是考虑到即使碳达峰，石化能源在中国能源结构中仍占相当大比重，因此研究了中国能源结构转型如何平衡各种能源利用问题；五是鉴于中国和西方经济结构不一样，高碳行业在经济中还须发挥重要作用，因此对转型金融进行了深入探讨，尤其研究了中国高碳行业如何平稳转型；六是从标准体系完善和ESG投资角度探讨了绿色金融发展。

历史地看，绿色、和平、可持续发展是近几十年来的国际热门话题，但也容易受到国际形势变幻而产生波折。近年来，地缘政治军事冲突加剧，贸易摩擦和金融制裁此起彼伏，全球供应链碎片化现象突出，逆全球化趋势日趋明显。实际上，在本书付梓之际，俄乌军事冲突爆发已经数月，其间石油、煤炭价格大幅上涨，可再生能源发展出现倒退，地缘政治格局也出现颠覆性的变化。应对气候变化就需要各国在应对短期冲击的同时，要坚持低碳转型的长期发展战略。对中国而言，在新形势下努力保障能源、粮食和重要矿产资源的供应，平衡好发展、安全和转型的关系，是决策者乃至每一个公民需要深入思考和认真面对的重要课题。未来，我们对外要尽可能争取和平发展的国际环境，对内要在全社会统一认识，将资源节约、可持续发展、绿色发展深入每一个公民的生产生活之中，坚定不移地推动"碳达峰、碳中和"目标实现，这需要我们长期不懈的努力。

本书在写作过程中，得到了任晴、朱满洲、贾颖、韩宁、李秋菊和杜海均等的帮助，在此对他们表示由衷的感谢。

本书仅反映作者本人在相关问题研究中的学术观点，不代表作者所在单位的立场。因研究能力和时间限制，书中疏漏和错误在所难免，希望读者批评、指正并提出宝贵建议，作者将在后续研究中不断完善。本书相关研究受国家自然科学基金"中国金融体系的演化规律和变革管理"重点项目［项目批准号：71733004（C0030337）］资助。本书的出版也得到了CF40（中国金融四十人论坛）的支持。